Les grands mythes antiques

Gilles van Heems
et Stéphanie Wyler

Les grands mythes antiques

Les textes fondateurs de la mythologie gréco-romaine

Librio

Inédit

Sommaire

Avant-propos 7

I. Grandeur et décadence des Olympiens 11
   La naissance des dieux 11
   Des affaires de famille 15
      Zeus 15
      Poséidon 18
      Déméter et l'enlèvement de Perséphone 20
   Amour, gloire et beauté : splendeur des Olympiens. 24
      Apollon 24
      Athéna 29
      Dionysos 30
      Hermès 35

II. Le temps des héros 39
   Thésée et Hippolyte 39
   Dédale et Icare 42
   Persée 44
   La guerre de Troie 48
   Œdipe 57
   Médée 60
   Héraclès 62

III. Entre les dieux et les hommes 65
   Prométhée 65
   L'interprétation étymologique : Diodore et les
   Muses 67
   La constellation du Centaure 69
   Romulus et Rémus 70
   Le jugement des Chrétiens 74

Le mythe de l'Atlantide 77
Orphée 80

Annexes

Repères chronologiques, historiques et littéraires ... 85
Noms romains du mythe grec 95

Avant-propos

Je suis la coupe de Nestor à laquelle il fait bon boire.
Quiconque boira à cette coupe sera aussitôt
Saisi du désir d'Aphrodite à la belle couronne.

Ces quelques vers inscrits sur une coupe datant des
années 740-720 avant J.-C. retrouvée sur l'île de Pithécus-
ses (l'actuelle Ischia, au large de Naples), qui abritait alors
une colonie de Grecs venus d'Eubée, sont quasiment le
plus ancien texte écrit en alphabet grec, précisément
« inventé » quelques décennies auparavant. Quelle surprise
de constater que l'une des plus vieilles inscriptions grecques fait déjà référence à un épisode mythologique, plus
précisément à l'*Iliade*, où nous est raconté que Nestor pos-
sédait une coupe ouvragée si richement ornée que lui seul
parvenait à la soulever [1] ! C'est que le mythe, en quelque
sorte, est consubstantiel à la culture grecque. Et à l'instar
de cette dernière, en outre, le mythe se présente, à nous,
modernes, qui cherchons à en avoir une vision d'ensemble,
comme une matière fondamentalement complexe et en
constante évolution, qu'il serait à vrai dire téméraire de
prétendre expliquer en quelques mots. Variables tant dans
leur forme que dans le fond, les mythes grecs et romains
n'ont guère en commun que d'être tous des récits à fonc-
tion explicative à valeur symbolique : il s'agit de rendre
compte de tel phénomène cosmique, naturel ou proprement humain. Ainsi l'enlèvement de Perséphone par
Hadès, comme on le verra, offre-t-il une clé de lecture

---

1. Homère, *Iliade*, XI, vv. 632-637.

riche – et aussi satisfaisante qu'une démonstration que nous qualifierions aujourd'hui de « scientifique » – de la succession des saisons (→ *Déméter et l'enlèvement de Perséphone*) ; de même la rivalité entre Athéna et Poséidon (→ *Athéna*) permet-elle non seulement d'expliquer pourquoi Athènes s'appelle ainsi, mais aussi pourquoi se trouvaient sur l'acropole une très vieil olivier sacré et une source d'eau salée, et, plus généralement, quels furent les choix « éthiques » que les plus lointains ancêtres des Athéniens ont faits, quand ils choisirent Athéna pour divinité tutélaire.

Cette « matière mythologique », par sa polymorphie constitutive, par le nombre de récits, par la multiplicité des variantes, tantôt anciennes, tantôt plus récentes, et des modifications à la trame primitive apportées tant par la « sagesse des nations » que par des auteurs bien déterminés, sur un arc chronologique allant du VIIIᵉ siècle avant J.-C. à la fin de l'Empire romain, au Vᵉ siècle après J.-C., forme une épaisse forêt dans laquelle il est difficile de se repérer. Aussi avons-nous voulu offrir au lecteur un choix d'extraits représentatifs, tant par la postérité qui fut la leur que par leur variété, des œuvres de l'Antiquité qui nous transmettent certains des mythes les plus connus ou les plus importants de la mythologie gréco-romaine.

Le présent ouvrage – ses modestes dimensions nous l'imposaient ! – ne prétend par conséquent nullement à l'exhaustivité, mais entend proposer un recueil éclectique de textes, alliant les « passages obligés » et les « morceaux de bravoure » les plus illustres aux récits moins connus mais tout aussi intéressants pour qui veut comprendre comment s'est élaborée, dans l'espace et le temps, la pensée « mythographique » des Anciens. Ce florilège rassemble donc les textes fondateurs de la mythologie grécoromaine, ceux qui, par l'écho qu'ils ont eu dans l'Antiquité et, au-delà, au Moyen Âge et à l'époque moderne, font aujourd'hui le bagage culturel commun à tout Européen. Il ne s'agit pas pour autant d'un dictionnaire de mythologie, ni d'un livre recensant dans le détail les mille aventures qu'ont connues les dieux de l'Olympe et les vaillants héros de la Grèce et de Rome ; les notices de ce recueil ne concernent qu'un nombre limité de personnages du mythe et ne donnent qu'un rapide aperçu de leur histoire. C'est pourquoi nous recommandons vivement au lecteur de compléter cette lecture par celle, en parallèle, d'un dictionnaire de mythologie, comme *Dieux et héros de la mythologie grecque*, dans la même collection [1], ou, plus développé, le dictionnaire classique de Pierre Grimal [2]. On tirera également profit à consulter un dictionnaire iconographique pour aller plus loin dans la lecture des images mythologiques [3].

Les textes cités sont donnés dans leur traduction française [4]. Chaque extrait est précédé d'une petite introduction destinée à le replacer dans son contexte narratif et historique et à donner au lecteur les clés de son interprétation. Il trouvera en outre, dans les annexes, un tableau présentant chaque auteur et chaque ouvrage cité, aide de lecture que nous n'avons pas jugée inutile, car la mythologie investit tous les genres littéraires de l'Antiquité, de la poésie épique au théâtre, du roman à l'histoire, et toutes les périodes (d'Homère, aède grec du VIIIe siècle av. J.-C., à saint Augustin, évêque romain des IVe-Ve siècles ap. J.-C. !).

Comme tout florilège, ce petit livre peut offrir différents parcours de lecture : une lecture continue, qui mènera le lecteur des mythes de la création du monde à l'avènement des Olympiens, puis à la geste des « héros », à l'époque où les dieux se mêlaient au monde, pour arriver enfin à des textes plus interprétatifs et aux réflexions des Grecs et des Romains sur leurs propres mythes et sur leurs rapports aux dieux. Mais chaque notice étant autonome, le lecteur peut progresser au gré de ses envies et, par le jeu des renvois internes et des résonances culturelles, trouver son propre « fil d'Ariane »

---

1. G. van Heems, *Dieux et héros de la mythologie grecque*, Librio n° 593, 2003.
2. P. Grimal, *Dictionnaire de la mythologie grecque et romaine*, Paris, PUF, 1951 (1991).
3. I. Aghion, C. Barbillon et F. Lissarrague, *Héros et dieux de l'Antiquité : guide iconographique*, Paris, Flammarion, 1994.
4. En l'absence d'indication contraire, les traductions données sont celles des auteurs.

dans ce labyrinthe littéraire. Pour faciliter ces renvois d'une notice à l'autre, nous avons fait suivre d'un astérisque (*) les noms de personnages faisant l'objet d'une notice ; le nom est précédé d'une flèche (→) quand le renvoi à un personnage ou un épisode particulier est jugé indispensable.

I

Grandeur et décadence des Olympiens

La naissance des dieux

Bien avant le temps des dieux de l'Olympe, Hésiode chante la création du monde et l'apparition des divinités primordiales : le début de sa *Théogonie* (« naissance des dieux ») est d'abord une cosmogonie (« naissance de l'univers »), où tous les éléments se mettent en place, par la poésie d'entités qui s'accouplent incestueusement ou se reproduisent par génération spontanée : c'est le cas de Chaos, Gaia et Éros, c'est-à-dire le Vide, la Terre et le Désir, à partir desquels tout peut devenir. Ce texte ancien (VIIe siècle av. J.-C.), célèbre entre tous et servant de référence mythologique aux auteurs grecs et romains, révèle la conception antique de l'ordre du monde, où les dieux et la nature sont aussi des créatures, certes immortelles, mais pas éternelles.

Au commencement donc apparut Chaos, et aussitôt après Gaia au sein large, éternel et inébranlable fondement de toutes choses, et le ténébreux Tartare, au plus profond de l'immensité de la terre, et Éros – il est le plus beau parmi les dieux immortels, il délasse les corps de tous les dieux et de tous les hommes, il se rend maître de l'intelligence dans les cœurs et de la sage volonté. Du Chaos sortirent l'Érèbe [1] et la Nuit noire ; de la Nuit, à leur tour, naquirent l'Éther [2]

---

1. L'Enfer.
2. L'Air.

et le Jour, qu'elle enfanta après les avoir conçus avec Érèbe, avec qui elle s'était unie sexuellement.

À son tour, Gaia enfanta d'abord, aussi grand qu'elle, Ouranos étoilé, afin qu'il puisse la recouvrir entièrement et qu'il soit le séjour éternel et inébranlable pour les dieux bienheureux. Elle enfanta les hautes Montagnes, dont les vallées sont les charmants abris des divines Nymphes qui habitent dans les montagnes caverneuses. Puis elle enfanta aussi la mer stérile, gonflée de vagues, Pontos, sans désir sexuel. Mais ensuite, après avoir couché avec Ouranos, elle enfanta l'Océan aux tourbillons profonds, Cœus, Crios, Hypérion, Japet, Théa, Rhéa, Thémis, Mnémosyne [1], Phébé à la couronne d'or et l'aimable Téthys. Après eux naquit, le mieux armé par la jeunesse, Cronos à l'esprit retors, le plus terrible de leurs enfants ; et il haït son puissant géniteur.

Naquirent à leur tour les Cyclopes, qui ont un tempérament plein d'orgueil, Brontès, Stéropès [2] et Argès au cœur violent, qui donnèrent à Zeus le tonnerre et lui forgèrent la foudre. Or ils étaient en tout point semblables aux dieux, sauf qu'un œil unique était placé au milieu de leur front. Et ils reçurent le nom de Cyclopes [3] pour cette raison qu'ils n'avaient qu'un seul œil tout rond placé sur le front. La puissance, la force et l'habileté se retrouvaient dans leurs ouvrages.

Sortirent encore de Gaia et d'Ouranos trois autres enfants, grands et vigoureux, qu'il ne faudrait pas nommer, Cottos, Briarée et Gyès, fils pleins d'orgueil. Ils agitaient leurs cent bras monstrueux qui partaient de leur buste, et chacun avait cinquante têtes qui sortaient du buste au-dessus de leurs membres robustes ; et leur force monstrueuse était d'une grande violence dans leur configuration gigantesque. Or de tous ceux qui naquirent de Gaia et

---

1. Loi divine, Mémoire.
2. Tonnerre et Foudre.
3. « Œil rond ».

d'Ouranos, ils étaient les enfants les plus terribles, et ils haïssaient leur propre géniteur, dès le début ;

et dès que l'un d'entre eux naissait, il le faisait disparaître, et ne le laissait pas sortir à la lumière, caché à l'intérieur de Gaia, et Ouranos prenait plaisir à cette tâche malsaine. Et l'énorme Gaia gémissait en son sein, trop pleine ; mais elle couvait une ruse perfide et mauvaise. Rapidement, après avoir inventé la matière de l'acier gris, elle fabriqua une grande faux, et elle expliqua son plan à ses enfants chéris ; elle parla pour les encourager, quoiqu'inquiète en son cœur tendre : « Mes enfants, que j'ai eus avec votre père délirant d'orgueil, si vous voulez bien me faire confiance, nous allons faire payer à votre père ses mauvais traitements ; car c'est lui qui a commencé à manigancer ces crimes contre nature. » Ainsi parla-t-elle ; mais alors la crainte les saisit tous, et aucun d'entre eux ne pipa mot. Avec audace, le grand Cronos à l'esprit retors répondit à sa vénérable mère par ces mots : « Mère, c'est moi qui viendrai à bout de cette tâche, je l'ai promis, puisque je n'ai pas peur de notre père au nom odieux ; car c'est lui qui a commencé à manigancer ces crimes contre nature. » Ainsi parla-t-il ; la grande, l'énorme Gaia se réjouit en son for intérieur.

Elle le cacha et le plaça en embuscade ; elle lui mit dans la main la faux à la lame acérée et lui exposa tous les détails du piège. Arrive le grand Ouranos, amenant la Nuit, et de tout son long, plein de désir et d'amour, il se posa sur Gaia et s'allongea sur elle. Alors, sortant de son embuscade, le fils tendit sa main gauche, de la droite il prit l'énorme, la gigantesque faux à la lame acérée, et dans son élan, il trancha les bourses de son cher père, et il les jeta pour qu'elles retombent loin derrière lui.

Ce ne fut pas sans conséquences qu'elles s'échappèrent de sa main : car les éclaboussures de sang qui en jaillirent, Gaia les reçut toutes ; et quand le temps fut venu, naquirent les puissantes Érinyes et les grands Géants aux armures brillantes, tenant de longues lances dans leur main, et les Nymphes que l'on appelle Mélies à travers la terre sans fin.

Et aussitôt qu'il eut coupé ses bourses avec l'acier et qu'il les eut jetées depuis la terre ferme dans la mer aux flots agités, elles furent portées au large pendant longtemps, et tout autour, une écume blanche se forma à partir de la chair immortelle ; en elle grandit une jeune fille ; d'abord, elle fut portée vers la sainte Cythère, et de là, elle attint ensuite Chypre, entourée par les flots. Et de là sortit une belle et pudique déesse, et tout autour, l'herbe poussait sous ses pieds délicats ; les dieux et les hommes la nomment Aphrodite, parce qu'elle grandit dans l'écume [1] ; mais aussi Cythérée, parce qu'elle parvint jusqu'à Cythère ; et Cypris, parce qu'elle est née à Chypre aux flots agités ; et Philommedès [2], parce qu'elle vit le jour grâce à des bourses. Éros la suivit et le beau Désir l'escorta, à peine était-elle née et se rendit-elle à l'assemblée des dieux. Elle eut cet honneur dès le début, et c'est le lot qu'elle reçut en partage parmi les hommes et les dieux immortels : les murmures des jeunes filles, les sourires et les mensonges, la douceur du plaisir et le miel de l'amour.

Et le père leur donna le nom de Titans, le grand Ouranos qui les injuriait, ses propres enfants qu'il avait engendrés ; il déclara que, Laborieux [3], ils avaient accompli leur forfait avec une présomption folle, dont ils devraient rendre compte dans le futur.

Hésiode, *Théogonie*, vv. 116-210

---

1. En grec, *aphros* signifie « écume ».
2. « Qui aime les bourses. »
3. *Titainontes*.

14

Des affaires de famille

ZEUS

Zeus, roi presque incontesté des dieux, est, comme ses frères et sœurs Poséidon*, Hadès (→ *L'enlèvement de Perséphone* ; *Orphée et Eurydice*), Hestia, Héra et Déméter*, un Titanide, c'est-à-dire le fils de Titans (Cronos et Rhéa ; → *La naissance des dieux*), et appartient donc à la troisième génération de divinités apparue à la surface de la terre. Son histoire est surtout marquée par une accession au pouvoir difficile : il a dû libérer le monde de la tyrannie de son propre père, Cronos, qui avait lui-même arraché le pouvoir à son père Ouranos (« le Ciel ») en l'émasculant. Comme tous les tyrans, il avait pris soin d'écarter tous ses potentiels rivaux, en emprisonnant ses frères (les Hécatonchires [1] et les Cyclopes) et en avalant tour à tour les enfants que lui donnait son épouse Rhéa. Mais celle-ci imagina une ruse pour sauver son dernier-né, Zeus, qui, une fois adulte, pourra renverser son père.

Mais quand Zeus, père des dieux et des hommes, allait être enfanté par Rhéa, elle supplia ses parents, Gaia (« Terre ») et Ouranos étoilé, de lui enseigner une ruse par laquelle elle pourrait cacher son accouchement et venger son père et ses autres enfants que le grand Cronos aux pensées retorses avait dévorés. Ils écoutèrent et exaucèrent leur fille en lui révélant quelles seraient les destinées du roi Cronos et de son fils au cœur hardi.

Et ils l'envoyèrent à Lyktos, sur la riche terre de Crète, au moment où elle allait enfanter le dernier de ses fils, le grand Zeus. Et l'énorme Gaia le reçut pour le nourrir et l'élever dans la vaste Crète. Alors elle l'emmena à travers la noire nuit vers les pentes du Dictos, et, de ses mains, elle le cacha sous un antre élevé, dans les flancs secrets de la terre divine, sur le mont Égéon couvert d'épaisses forêts.

---

1. Monstres à cent bras.

Puis, ayant enveloppé de langes une grosse pierre, elle la donna au fils d'Ouranos, le grand seigneur, le premier roi des dieux. Et celui-ci la saisit et l'engloutit dans son ventre. Insensé ! Il ne prévoyait pas dans son esprit que, à la place de cette pierre, son fils, invincible et en sûreté, survivait, et que bientôt le soumettant par la force de ses mains, il le dépouillerait de son pouvoir et serait le souverain des Immortels. Et rapidement croissaient la vigueur et les membres robustes du jeune seigneur, et, le temps étant révolu, circonvenu par les conseils rusés de Gaia, Cronos aux pensées retorses régurgita toute sa race, vaincu par les artifices et la force de son fils.

En premier, il vomit la pierre qu'il avait avalée la dernière. [...] Puis il délivra de leurs chaînes accablantes ses oncles [1], les fils d'Ouranos, qu'avait enchaînés leur père en démence. Et eux lui rendirent grâce de ce bienfait, et lui donnèrent le tonnerre, la brûlante foudre et l'éclair que, jusque-là, l'énorme Gaia avait cachés dans son sein. Par ces armes Zeus commande aux hommes et aux dieux.

Hésiode, *Théogonie*, vv. 468-506
trad. Leconte de Lisle revue par les auteurs

Après cette victoire, Zeus règne de manière incontestée sur les Olympiens. Mais son pouvoir, acquis par la violence, sera contesté plus tard par les Titans, qui mèneront une longue guerre contre les Olympiens. Toutefois, à l'issue de ce conflit, nul dieu ne refuse la suprématie de Zeus : il est le juge souverain, auquel tous font appel et aux décisions duquel tous se rangent (→ *Déméter, Hermès*). Toutefois, en dépit de son pouvoir immense, de sa maîtrise de la foudre et du tonnerre, de sa souveraineté sur les dieux et sur les hommes, il est une chose qu'il n'est pas capable ou qu'il refuse de faire : changer le destin, dont il connaît pourtant les secrets. Et ce n'est pas peu : Homère, ainsi, au chant XVI de l'*Iliade*, nous montre un souverain au pouvoir absolu

---

1. Les Hécatonchires et des Cyclopes (qui forgent la foudre).

en proie aux regrets d'un père impuissant ; alors qu'il sait que son fils Sarpédon doit mourir de la main de l'Achéen Patrocle, il est tenté d'intervenir pour le sauver, au mépris des lois des Moires, les déesses du destin.

Zeus dit à Héra, sa sœur et son épouse :
« Hélas ! voici que la destinée de Sarpédon, qui m'est le plus cher parmi les hommes, est de périr sous les coups de Patrocle fils de Ménœtios ; mais mon cœur hésitant balance entre deux vouloirs : vais-je le soustraire vivant au combat lamentable pour le déposer dans le riche pays de Lycie ou le ferai-je périr par la main du fils de Ménœtios ? »
Et la souveraine Héra aux yeux de génisse lui répondit :
« Redoutable fils de Cronos, quelle parole as-tu dite ? Un homme, un mortel, depuis longtemps voué aux arrêts du destin, tu veux l'affranchir de la triste mort ? Soit, mais nous tous, les dieux, nous ne t'approuverons pas. Je te dirai ceci, et retiens-le dans ton esprit : si tu envoies Sarpédon vivant dans sa demeure, prends garde que, désormais, quelque autre dieu ne veuille aussi sauver son fils de la rude mêlée. Il y a, en effet, autour de la grande ville de Priam, beaucoup de fils d'Immortels qui combattent, de ces dieux que tu irriteras. Si Sarpédon t'est cher, si ton cœur pleure pour lui, laisse-le périr dans la rude mêlée par la main de Patrocle, fils de Ménœtios ; mais dès qu'il aura rendu l'âme et la vie, envoie Thanatos et le doux Hypnos [1] le transporter dans le pays de la grande Lycie. Là, ses frères et ses parents l'enseveliront dans un tombeau, sous une stèle : car c'est là l'honneur dû aux morts. »
Elle parla ainsi, et le Père des hommes et des dieux consentit. Mais il versa sur la terre une pluie de sang, afin d'honorer son fils que Patrocle allait tuer devant la fertile Troie, loin de sa patrie.

Homère, *Iliade*, XVI, vv. 432-461
trad. Leconte de Lisle revue par les auteurs

---

1. Le « Trépas » et le « Sommeil ».

Homère nous dépeint ainsi un roi des dieux plein d'une poignante humanité. D'autres poètes préféreront insister sur des aspects plus légers de son caractère : son goût de l'aventure amoureuse, qui fait tant enrager Héra, son épouse légitime (→ *Apollon, Dionysos, Hermès*). Si Zeus a connu plus d'une liaison, avec des déesses (Métis « la Ruse », Thémis « la Justice », Léto, Déméter...) comme avec des mortelles (Léda, Danaé, Europe...), les tragiques n'ont eu de cesse de rappeler que c'était toujours pour un noble dessein : donner au monde une divinité ou un héros qui sauverait les hommes. Premier pas vers une interprétation toujours plus subtile du mythe, qui conduira à sa quasi-désincarnation dans la philosophie stoïcienne, où Zeus représente la Providence, le dieu unique placé au centre de cette doctrine.

POSÉIDON

> *C'est un double apanage, Ébranleur de la terre, que les dieux t'ont donné :*
>   *Être à la fois le dompteur des chevaux et le sauveur des navires !*
>
> *Hymne homérique à Poséidon*, vv. 4-5

Poséidon, fils aîné de Cronos et Rhéa, frère de Zeus*, reçut en partage la mer et les côtes du monde (→ *Zeus*). Il est aussi, grâce à son trident qui « ébranle la terre », le dieu des séismes. Redoutable par sa colère – c'est elle qui retint si longtemps Ulysse loin d'Ithaque, après qu'il eut tué le Cyclope Polyphème, fils du dieu irascible –, Poséidon joue un rôle dans nombre de légendes. Ce dieu est lié en particulier à deux animaux, le cheval – on dit qu'il a appris aux hommes à le domestiquer – et le taureau, qui lui sont régulièrement offerts en sacrifice. C'est d'ailleurs un taureau qui le lie aux légendes entourant le roi Minos, et la Crète de l'époque minoenne, comme le montre ce récit tardif et dépouillé d'Apollodore.

Astérios étant mort sans enfants, on voulut refuser à Minos le royaume de Crète auquel il prétendait. Il fit donc croire qu'il avait reçu la royauté des dieux, et pour le prouver ajouta qu'il obtiendrait la réalisation de n'importe laquelle de ses prières. Et il fit un sacrifice à Poséidon en le priant de faire surgir des profondeurs un taureau qu'il promettait de lui sacrifier par la suite. Poséidon envoya un taureau d'une exceptionnelle beauté et Minos obtint la couronne ; toutefois, ce dernier mit le taureau dans son cheptel, et en sacrifia un autre. Poséidon, irrité de ce qu'il ne le lui avait pas sacrifié, rendit le taureau sauvage, et fit naître en Pasiphaé[1] une passion pour lui. Elle, amoureuse folle du taureau, trouve un complice en Dédale, un architecte qui avait été exilé d'Athènes pour un meurtre. Celui-ci construisit une vache de bois qu'il mit sur des roulettes, la prit et en creusa l'intérieur ; puis il y ajusta la peau d'une vache qu'il venait de dépecer, et l'ayant placée dans une prairie où le taureau avait coutume de paître, il y fit entrer Pasiphaé. Le taureau arriva et s'accoupla avec elle comme si c'était une véritable vache ; elle donna naissance à Astérios, qu'on appelle le Minotaure[2] ; il avait la tête d'un taureau et le reste du corps d'un homme.

Apollodore, *Bibliothèque*, III, 1, 3-4

La naissance de cet enfant monstrueux n'effraya pas pour autant Minos, qui l'enferma dans une prison construite tout exprès dans son palais par Dédale*, le « Labyrinthe ». Ce qu'il est intéressant de souligner, plus généralement, c'est cette affinité du puissant dieu de la mer avec les monstres de tout poil : le mythe lui prête en effet plus d'un enfant monstrueux (Polyphème en est l'un des plus célèbres) et, même quand ses enfants sont humains, ils s'avèrent, à de rares exceptions près, être des brigands sanguinaires. C'est là une différence essentielle entre Poséidon et Zeus, le père de tant de héros bienfaiteurs, qui reflète sans doute la différence majeure qui sépare leurs « domaines » d'action : l'élément marin, toujours

---

1. Pasiphaé est la femme de Minos.
2. En grec, « le taureau de Minos ».

changeant, infidèle (il trahit sans prévenir l'homme qui s'était imprudemment fié à lui) et, pour l'esprit grec, fondamentalement dangereux, ne peut que donner naissance à des êtres hybrides et hostiles, tandis que ces hommes enclins à toujours chercher dans le ciel un signe des dieux voient dans la demeure de Zeus la source de leur salut.

DÉMÉTER ET L'ENLÈVEMENT DE PERSÉPHONE

Déméter (Cérès) est l'une des divinités majeures du panthéon gréco-romain. De la génération de Zeus* (c'est sa sœur : avec Poséidon*, Hadès (→ *Déméter, Orphée et Eurydice*), Hestia et Héra (→ *Dionysos, Le jugement de Pâris*), ils sont les enfants de Cronos et Rhéa → *La naissance du monde*), elle est la déesse du blé et des céréales, des fruits de la terre et de leur culture, qui assure la nourriture des hommes et la prospérité de la nature. Déesse-mère par excellence, elle a une fille née de Zeus, Perséphone, qui fait sa joie. Mais le ténébreux Hadès (Aïdoneus), dans les Enfers, en tombe amoureux et l'obtient de Zeus en mariage, sans en parler à sa sœur ni à sa nièce, les principales intéressées...

Je commence par chanter Déméter aux beaux cheveux, vénérable déesse, elle et sa fille aux belles chevilles qu'Aïdoneus, du consentement du retentissant Zeus au large regard, enleva loin de Déméter à la faucille d'or et aux beaux fruits.

Elle jouait, avec les filles aux seins profonds d'Océan, à cueillir des fleurs : des roses, du safran et de belles violettes, dans une tendre prairie, des glaïeuls et des hyacinthes – et un narcisse, que Gaia avait produit pour tromper la jeune fille au teint rose, par la volonté de Zeus, et pour plaire à l'insatiable Aïdoneus. Or ce narcisse était beau à voir, et tous ceux qui le virent l'admirèrent, dieux immortels et hommes mortels ; de sa racine sortaient cent têtes : le Ciel d'en haut, de toute sa largeur, toute la terre et l'abîme salé de la mer riaient de son parfum embaumant. La jeune fille, surprise, étendit les deux mains en même temps pour saisir ce beau jouet ; mais voici que la vaste terre s'ouvrit dans les plaines de Nysios et que l'insatiable roi, illustre fils de Cronos, en surgit, tiré par ses chevaux immortels. Il l'enleva de force et la porta en pleurs sur son char d'or. Elle hurlait à pleins poumons, invoquant le fils de Cronos, le très puissant, le père suprême. Mais aucun des dieux immortels ni des hommes mortels n'entendit sa voix ni celle de ses compagnes, les mains remplies de jolies fleurs [...].

Les cimes des montagnes et les profondeurs de la mer résonnaient de sa voix immortelle, et sa mère vénérable l'entendit. Une douleur violente entra dans son cœur, elle arracha de ses mains les rubans de ses cheveux ambroisiens et, jetant un voile noir corbeau sur ses épaules, elle s'élança comme un oiseau à sa recherche, sur terre et sur mer. Mais personne ne voulut lui dire la vérité, aucun d'entre les dieux, aucun d'entre les hommes, ni d'entre les oiseaux ; aucun messager ne vint lui dire la vérité. Pendant neuf jours, la vénérable Déméter erra sur la terre, des torches ardentes dans les mains ; dans sa douleur, elle ne mangeait plus d'ambroisie, elle ne buvait plus de nectar, elle ne se lavait plus.

> *Hymne homérique à Déméter*, vv. 1-25 et 38-50
> trad. Leconte de Lisle revue par les auteurs

Avec l'aide de la sombre Hécate, elle va supplier Hélios, le soleil à qui rien n'échappe, de lui dire ce qu'il a vu :

Mais une douleur plus amère et plus accablante envahit le cœur de Déméter ; en colère contre le fils de Cronos qui rassemble les nuages noirs, elle s'enfuit du haut de l'Olympe et de l'agora des dieux pour se rendre dans les villes des hommes et les grasses cultures, en masquant sa beauté pour longtemps. Et personne parmi les hommes et les femmes aux larges ceintures qui la virent ne la reconnut, avant qu'elle fût arrivée dans le palais du prudent Kéléos – c'était alors le roi d'Éleusis la parfumée.

> *Ibid.*, vv. 90-97

Arrivée à Éleusis, dans les faubourgs d'Athènes, centre principal du culte à mystères de Déméter en Grèce, elle est accueillie, sous les traits d'une vieille femme, par les filles du roi Kéléos. Révélant finalement sa véritable identité, elle ordonne qu'on lui construise un sanctuaire et s'y réfugie pour pleurer sa fille.

La blonde Déméter s'y retira, loin de tous les Bienheureux, consumée par le regret de sa fille à la riche ceinture. Elle infligea aux hommes, sur la terre nourricière, une année très amère et très cruelle : la terre ne produisit aucune semence, car Déméter à la belle couronne les avait cachées toutes. Les bœufs tirèrent inutilement, dans les champs, bien des charrues recourbées et il tomba sur la terre beaucoup d'orge blanche, en vain. Alors, toute la race des hommes doués de la parole serait certainement morte de faim, privant ceux qui habitent sur l'Olympe de l'honneur des dons et des sacrifices, si Zeus ne s'y était pas penché et n'avait pris une décision dans son esprit.

Ibid., vv. 302-313

Zeus tente d'infléchir la colère de Déméter, avec l'aide des autres dieux, mais la déesse, réfugiée à Éleusis, refuse obstinément de remonter sur l'Olympe. Il envoie alors Hermès* aux Enfers transmettre son ordre de rendre Perséphone à sa mère :

Le roi des morts, Aïdoneus, sourit en remuant les sourcils ; il ne méprisa pas l'ordre du roi Zeus et, aussitôt, il ordonna à la prudente Perséphone : « Va, Perséphone, rejoins ta mère au voile noir corbeau, le cœur léger et bienveillant, et cesse d'être la plus triste de toutes les femmes. Comme mari, je ne serai pas indigne de toi parmi les immortels, car je suis le frère de ton père Zeus. Quand tu reviendras ici, tu domineras tout ce qui vit et qui bouge et tu bénéficieras des plus grands honneurs parmi les immortels ;

le châtiment des mauvais hommes sera éternel s'ils n'apaisent pas ton esprit par des victimes, en te faisant des sacrifices selon le rite et en te faisant des cadeaux légitimes. » Il parla ainsi et, aussitôt, la prudente Perséphone se réjouit et sauta de joie. Mais il lui donna, à part, des grains de grenade, comme une gourmandise qu'il lui fit manger à la dérobée – afin qu'elle ne restât pas toujours auprès de Déméter au voile noir corbeau.

Ibid., vv. 357-374

Hadès ramène Perséphone sur terre, auprès de sa mère Déméter. Mais la fille a mangé des graines de grenade et appartient dès lors, inexorablement, à son mari. Déméter ne peut qu'accepter le partage ainsi manigancé par Hadès :

Tu habiteras avec moi et avec ton père, le fils de Cronos qui rassemble les nuages, honorée par tous les immortels. Mais comme tu as goûté ceci, tu retourneras sous les profondeurs de la terre et tu y resteras la troisième partie de l'année, et les deux autres parties, auprès de moi et des immortels. Et quand la terre s'ornera de toutes les fleurs parfumées du printemps, alors tu remonteras de nouveau des épaisses ténèbres, comme un grand prodige pour les dieux et les hommes mortels.

Ibid., vv. 396-403

Et ainsi comprend-on le rythme des saisons : l'hiver, Perséphone retourne aux Enfers et Déméter ne fait plus rien pousser sur terre ; au printemps, elle remonte vers sa mère qui célèbre son retour par celui de la végétation.

Amour, gloire et beauté : splendeur des Olympiens

APOLLON

> *Apollon ne se révèle pas à tous, aux hommes de bien seulement !*
>
> Callimaque, *Hymne à Apollon*, v. 9.

Cet Olympien, fils de Zeus* et Léto et frère jumeau d'Artémis, est un dieu de lumière, qui veille sur les arts (la musique et la poésie, principalement) et qui révèle aux hommes, par ses oracles, la vérité (son sanctuaire de Delphes était le plus important oracle du monde grec). Dieu à la fois redoutable par sa puissance et la rigueur de ses arrêts, et secourable par sa bonté, Apollon est assurément un dieu ambivalent (« oblique », disaient les Anciens). Nombre de récits et de légendes insistent sur sa puissance innée. L'*Hymne homérique* qui lui est consacré le fait dès ses premiers vers :

Je me souviendrai toujours – non je ne veux pas l'oublier – de l'archer Apollon, qui fait trembler les dieux en entrant dans le palais de Zeus ; et certes tous se lèvent de leurs sièges à son approche, quand il tend son arc illustre.

Léto reste seule auprès de Zeus qui prend plaisir à lancer la foudre. Elle détend la corde, elle ferme le carquois, et, l'ayant de ses mains retiré des robustes épaules du dieu, elle suspend l'arc le long de la colonne de la demeure de son père, à un clou d'or ; puis elle le mène s'asseoir sur un trône.

Et le père, glorifiant son cher fils, lui donne le nectar dans une coupe d'or ; puis les autres dieux s'asseyent, et la vénérable Léto se réjouit parce qu'elle a enfanté un fils, puissant archer.

> *Hymne homérique à Apollon*, vv. 1-13
> trad. Leconte de Lisle revue par les auteurs

Le poète anonyme en vient tout naturellement à raconter la naissance du dieu, qui ne fut pas simple. Léto, en effet, véritable mère « en cavale », harcelée par la jalousie d'Héra, ne trouvait aucune terre qui acceptât de l'accueillir pour son accouchement. Elle finit par supplier Délos qui était alors une île « flottante », sans place fixe dans la mer, et conclut un marché avec elle : si elle consentait à être la terre natale de son fils, Apollon ferait d'elle une terre de gloire et les richesses s'accumuleraient sur elle – l'histoire, d'ailleurs, a donné raison à la légende, puisque Délos, centre important du culte apollinien, devint une place de commerce centrale dans l'économie de cette partie du monde méditerranéen. Une fois cette terre d'asile trouvée, Léto, entourée de déesses amies, dut encore trouver un moyen de contourner l'ultime ruse d'Héra : cette dernière avait gardé sur l'Olympe Ilithye, la déesse des enfantements.

Délos se réjouissait profondément de la naissance du Seigneur archer, mais Léto, pendant neuf jours et neuf nuits, fut tourmentée des douleurs désespérées de l'enfantement. Et toutes les déesses étaient autour d'elle, et les plus illustres, Dioné, Rhéa, Thémis l'Ichnienne, la sonore Amphitrite et les autres immortelles, sauf Héra aux bras blancs qui était assise dans les demeures de Zeus qui amasse les nuées.

Seule, Ilithye, qui soulage les douleurs, ne savait rien. Et elle était assise au faîte de l'Olympe, sur des nuées d'or, car Héra aux bras blancs l'avait retenue par jalousie, Léto aux beaux cheveux allant enfanter un fils irréprochable et puissant.

Ibid., vv. 90-101

On dépêche alors Iris qui persuade Ilithye de venir porter secours à Léto et la naissance de l'enfant-dieu peut enfin avoir lieu.

À peine la libératrice Ilithye fut-elle arrivée à Délos que l'enfantement saisit Léto : elle était près d'accoucher. Et elle jeta ses bras autour du palmier, et elle ploya ses genoux sur la molle prairie, et la terre sourit au-dessous d'elle, et l'enfant jaillit à la lumière, et toutes les déesses hurlèrent de joie.

Puis elles te lavèrent dans une eau claire, archer Phoibos, chastement et purement ; et elles t'enveloppèrent dans un vêtement blanc, léger et neuf, qu'elles entourèrent d'une ceinture d'or. Sa mère ne donna point sa mamelle à Apollon à l'épée d'or, mais Thémis lui offrit de ses mains immortelles le nectar et l'ambroisie désirable, et Léto se réjouit parce qu'elle avait enfanté un fils, puissant archer.

Mais, ô Phoibos, après avoir goûté la nourriture immortelle, les ceintures d'or ne purent te contenir alors que tu t'agitais, aucun lien ne te retint plus, et tous furent rompus ; et Phoibos Apollon dit aussitôt aux immortelles :

« Que l'on me donne l'apanage de la cithare et de l'arc recourbé, et je révélerai aux hommes les desseins infaillibles de Zeus. »

Ayant ainsi parlé, l'archer Phoibos aux longs cheveux descendit sur la terre aux larges routes, et toutes les immortelles étaient stupéfaites, et Délos se couvrait tout entière d'or, en contemplant le rejeton de Zeus et de Léto ; et elle était en joie, parce que le dieu l'avait choisie pour sa demeure parmi les îles et le continent, et l'avait préférée en son cœur.

Ibid., vv. 115-138

Après une telle entrée au monde, Apollon, parvenu à l'âge adulte, continua d'être un dieu brillant et sûr de lui. Accompagné soit de sa lyre, soit de son arc, il intervint directement dans la guerre de Troie, aux côtés d'Hector et des Troyens (→ *la guerre de Troie*). En amour aussi, ce dieu étincelant se montre très entreprenant : on prête de nombreuses conquêtes à ce séducteur presque irrésistible, déesses (Thalie), mortelles surtout (Créüse, Cassandre – l'une des rares à lui avoir résisté) ou encore jeunes hommes (Hyacinthe, Admète). Sa passion soudaine pour la nymphe Daphné, fille du fleuve Pénée, est restée particulièrement célèbre. Tout commença, comme souvent dans les mythes grecs, par une histoire de vengeance : Apollon, voyant Éros, le dieu du désir amoureux, s'essayer à l'arc, s'était imprudemment moqué du petit dieu ailé. Ce dernier, piqué au vif, voulut lui montrer l'étendue de son redoutable pouvoir : il lança, nous dit Ovide dans ses *Métamorphoses*, une flèche d'or (qui rend amoureux) droit sur Apollon, et une flèche de plomb (qui rend insensible à l'amour) dans le cœur de Daphné qui passait par là.

Phébus aime ; il a vu Daphné et veut s'unir à elle : il espère ce qu'il désire, mais ses propres oracles le leurrent. Comme on voit s'embraser le chaume léger après la moisson, ou les haies aux flammes d'une torche qu'un voyageur, sans préméditation, a trop approchée ou qu'il a abandonnée là au point du jour, ainsi s'embrase le dieu et brûle tout son cœur, nourrissant d'espérance un amour voué à ne point croître.

Il voit les cheveux de la Nymphe flotter négligemment sur ses épaules : « Que serait-ce, dit-il, si l'art les avait arrangés ? » Il voit ses yeux qui brillent comme des astres ; il voit sa bouche, qu'il ne se contenterait pas de voir. Il admire et ses doigts et ses mains et ses poignets et ses bras plus que demi-nus ; et ce qu'il ne voit pas, son imagination l'embellit encore. Mais elle, elle fuit plus légère que le vent ; et c'est en vain que le dieu cherche à la retenir par ce discours :

« Nymphe, fille du Pénée, je t'en conjure, arrête ! [...] Apprends tout au moins qui tu as charmé : je ne suis pas un habitant de ces montagnes, ni un berger, chargé de garder ici des troupeaux, les cheveux en bataille. Tu ignores, imprudente, tu ignores qui tu fuis, et c'est pour cela que tu le fuis. Les peuples de Delphes, de Claros, de Ténédos, et de Patara obéissent à mes lois. Jupiter est mon père. C'est moi qui révèle aux mortels tout ce qui est, fut et sera. Ils me doivent l'art d'unir aux accords de la lyre les accents de la voix. Mes flèches portent des coups infaillibles ; mais il en est une plus infaillible encore, c'est celle qui a blessé mon cœur. Je suis l'inventeur de la médecine. Le monde m'honore comme un dieu secourable et bienfaisant, et la puissance des plantes est mienne ; mais, hélas, il n'en est point qui guérisse l'amour ; et mon art, utile à tous les hommes, est inutile à son maître ! »

La course reprend de plus belle, jusqu'à ce que Daphné comprenne qu'il n'y a pour elle qu'un moyen d'échapper définitivement à Apollon :

Elle, épuisée, toute pâle, vaincue par l'effort d'une fuite si effrénée, fixe les ondes du Pénée et dit : « Viens à mon aide, ô mon père, s'il est vrai que les fleuves participent de la puissance des dieux ! Métamorphose et fais disparaître cette beauté qui a causé une attraction trop forte ! » À peine elle achevait cette prière, ses membres s'engourdissent ; une écorce légère presse son corps délicat ; ses cheveux s'allongent et se changent en feuillage, ses bras en rameaux ; ses pieds, naguère si rapides, s'immobilisent au sol en racines immuables ; la cime d'un arbre couronne sa tête qui ne conserve de la nymphe que l'éclat. Mais Phébus l'aime encore ; il serre la tige de sa main, et sous sa nouvelle écorce il sent palpiter un cœur. Il couvre le bois de baisers, que le bois paraît refuser encore : « Eh bien !, dit le dieu, puisque tu ne peux être mon épouse, tu seras du moins l'arbre d'Apollon. Le laurier ornera désormais mes cheveux, ma lyre et mon carquois : il parera le front des guerriers du Latium, lorsque des chants d'allégresse célébreront leur triomphe et les suivront en pompe au Capitole ; tes rameaux, unis à ceux du chêne, protégeront l'entrée du palais d'Auguste ; et, comme ma tête, dont les cheveux n'ont jamais été coupés, connaît une éternelle jeunesse, ainsi tes feuilles conserveront aussi une éternelle verdure. »

Ovide, *Métamorphoses*, I, vv. 490-567
trad. Villenave revue par les auteurs

ATHÉNA

*C'est là [à Lerne] que jadis le grand roi des
dieux fit tomber une neige d'or sur la cité, lorsque
l'art d'Héphaïstos, à l'aide de sa hache d'airain,
fit jaillir Athéna du front de son père ; elle poussa
un cri retentissant et Ouranos en trembla ainsi
que Gaia, la terre-mère !*

Pindare, *Olympiques*, VII, vv. 62-70

Célèbre entre tous est le récit de la naissance d'Athéna,
singulière déesse, qui sortit non pas du ventre de sa mère,
mais du front de son père ! Les poètes racontent que Zeus*
avait pris pour première femme Métis (« la Ruse »), et qu'il
l'avait avalée pour contrecarrer un oracle selon lequel la
déesse, si elle accouchait, enfanterait d'un dieu voué à desti-
tuer son père. Après cette étrange union, Zeus souffrit de
terribles maux de tête, et demanda à Héphaïstos de l'en déli-
vrer d'un coup de son puissant marteau : le crâne de Zeus
s'ouvrit et, dans un grand fracas, Athéna déjà adulte et en
armes en surgit.

Cette vierge farouche tire de son ascendance à la fois puissance et suprême intelligence, et préside tout naturellement
à l'art de la guerre comme à ceux de l'esprit. Sa sagesse – qui
la distingue d'Arès, le dieu de la force brute qui se déchaîne
sur le champ de bataille – lui permet de tirer d'embarras de
nombreux héros, dont elle est la déesse tutélaire, dans toutes
leurs entreprises. C'est ainsi qu'on la voit aider tour à tour
Héraclès*, Persée*, Ulysse ou Diomède (→ *la guerre de Troie*).
Très proche des hommes, elle offre également sa protection à de nombreuses cités, la plus fameuse d'entre elles
étant Athènes, à laquelle elle a donné son nom. On raconte
que, lors de la fondation de la cité, Poséidon* et Athéna se
sont disputé le titre de divinité *poliade* (c'est-à-dire de divinité « protectrice de la cité ») et que, pour faire pencher la
balance, ces deux dieux ont voulu offrir le présent le plus
utile aux Athéniens. Ainsi, le dieu de la mer a fait surgir,
d'un coup de trident, sur l'acropole, une source d'eau
salée : il leur garantissait ainsi, pour l'avenir, la maîtrise
des mers. Athéna, elle, fit pousser un olivier, symbole de

29

paix et gage de prospérité et de sagesse (car il fournit l'huile pour la table et pour les lampes). Les Athéniens, sensibles à la force de ce symbole, choisirent Athéna pour divinité tutélaire. Peut-être n'est-ce là qu'une jolie fable ; il reste que l'acropole portait encore, au Ve siècle avant J.-C., le souvenir de cette rivalité divine : Hérodote, « le père de l'histoire », rapporte que cette source d'eau salée et l'olivier d'Athéna étaient encore visibles de son temps.

Il y a sur cette acropole un temple d'Érechthée, qui, dit-on, est né de la terre ; dans ce temple se trouvent l'olivier et la mer [1] qui, au dire des Athéniens, témoignent de la lutte de Poséidon et d'Athéna pour la protection de l'Attique. Or cet olivier, ainsi que le reste du sanctuaire, fut pris dans l'incendie allumé par les Barbares [2] ; mais le lendemain de l'incendie, quand les Athéniens que le Roi avait envoyés pour les sacrifices furent montés au sanctuaire, ils virent que de la souche un rejeton d'une coudée avait poussé.

Hérodote, *Histoires*, VIII, 55

DIONYSOS

Dionysos est l'un des dieux les plus complexes de la mythologie gréco-romaine. Fils de Zeus* et de la princesse thébaine Sémélé, il est persécuté dès sa conception par la jalousie d'Héra, qui fait en sorte que Zeus foudroie sa maîtresse enceinte : le père parvient à sauver son fils en le cachant dans sa cuisse. Une fois né, il parcourt toute la terre habitée en quête de reconnaissance de sa divinité : jeune, beau, oriental, efféminé, il entraîne à sa suite les femmes possédées par sa folie bachique (ce sont les Bacchantes, les suivantes de Bacchus), prêtes à tout dans leur folie éphémère, même à tuer, s'il en donne l'ordre dans son désir de vengeance. Mais il est aussi civilisateur, apportant aux hommes la vigne et le vin, le

---

1. Hérodote désigne par ce mot (*thalassa*) la source d'eau salée offerte par Poséidon.
2. Ces Barbares sont les Perses qui prirent Athènes en −480 lors de la seconde guerre médique ; leur roi (appelé « le Roi ») était Xerxès.

théâtre qui lui est consacré en Grèce, et bien d'autres aspects de la culture, de la fête et d'une religion à mystères qui assure à ses adeptes une vie et une mort meilleures. Il est aussi l'époux d'Ariane qu'il sauve pour toujours de la mort à laquelle l'avait destinée Thésée* en l'abandonnant sur l'île de Naxos.

Euripide consacre une tragédie entière, les *Bacchantes*, au châtiment du roi thébain Penthée, l'oncle de Dionysos qui ne veut pas le reconnaître à son retour d'Orient et le persécute, lui et ses adeptes. C'est le texte le plus complet sur la geste du dieu. La pièce s'ouvre sur le prologue de Dionysos, de retour sur sa terre natale :

Dionysos

Me voici, le fils de Zeus, sur cette terre thébaine, Dionysos, à qui donna le jour autrefois la fille de Cadmos, Sémélé, accouchée par le feu de la foudre ; de dieu que j'étais, j'ai pris la forme d'un mortel, et je suis venu à la source de Dirkè et à l'eau de l'Isménos. Je vois, à côté de ce palais, le tombeau de ma mère, la foudroyée, et les ruines de sa maison, fumant des flammes du feu de Zeus qui l'entoure encore, vengeance immortelle d'Héra contre ma mère. Je remercie Cadmos, qui a placé sur ce terrain protégé l'enclos funéraire de sa fille ; moi, je l'ai entièrement recouvert des pampres verdoyants d'une vigne nouvelle.

J'ai quitté les arpents tout dorés de Lydie et de Phrygie, les plaines de Perse écrasées de soleil, les murailles de Bactriane et la terre des Mèdes au rude climat, j'ai parcouru l'opulente Arabie et toute l'Asie, qui se trouve au bord de mers salées, avec des villes aux belles tours peuplées de Grecs qui cohabitent avec des Barbares. C'est la première ville grecque que je rencontre ; là-bas, j'ai conduit mes chœurs et institué mes mystères pour me révéler comme divinité aux mortels. Je commence par Thèbes parmi les terres grecques pour faire retentir mes cris : je lui ai jeté une peau de faon sur le corps, je lui ai mis en main un thyrse, ma lance de lierre.

Pourquoi ? Parce que les sœurs de ma mère, qui le devaient moins que quiconque, ont prétendu que moi, Dionysos, je n'étais pas le fils de Zeus et que Sémélé, après avoir couché avec un mortel, avait attribué sa faute à Zeus, sur l'idée de Cadmos : qu'à cause de cela, Zeus, en se manifestant à ma mère, l'a tuée parce qu'elle avait menti sur son union. C'est pour cela que moi, je les ai piquées du dard de mon délire qui les a fait sortir de leurs maisons : elles habitent dans la montagne, l'esprit possédé, forcées de porter le costume de mes orgies, et toute l'engeance féminine de la race de Cadmos, qui étaient toutes des épouses comme il faut, est sortie de leurs demeures. Elles ont rejoint les filles de Cadmos et, ensemble, les voilà dans la nature sans toit, sous les sapins verdoyants, au milieu des pierres.

Car il faut que cette ville comprenne, qu'elle le veuille ou non, tant qu'elle n'est pas initiée à mes mystères bachiques, que je suis venu prendre la défense de ma mère Sémélé en me révélant aux hommes comme la divinité qu'elle a mise au monde pour Zeus.

Euripide, Bacchantes, vv. 1-42

Le chœur des Bacchantes, le « thiase », en transe dans la montagne, chante l'inquiétant plaisir de sa folie – possédé par le dieu qu'il appelle tantôt Bacchus, tantôt Bromios (le Bruissant), aux cris de joie des « évohé ! » :

Le chœur
Que c'est bon quand, dans la montagne, après avoir galopé au milieu du thiase, on s'écroule par terre, vêtues de la sainte peau de faon, à la chasse au sang d'un bouc déchiqueté – le délice de le manger cru – lancées dans les montagnes de Phrygie et de Lydie, sous la conduite de Bromios, évohé ! Du sol jaillit du lait, jaillit du vin, jaillit le nectar des abeilles – comme la fumée d'encens de Syrie, Bacchus, levant les torches de pin enflammées qu'il a détachées de son narthex, s'élance en courant, exaltant les vagabondes

par ses chœurs, les excitant par ses cris, en faisant voler ses cheveux délicats dans l'air. Et en même temps, il fait retentir parmi les hurlements ce cri : « Allez mes Bacchantes, allez mes Bacchantes ! »

Ibid., vv. 135-153

Toutes les femmes ont déserté Thèbes ; parmi les hommes, seul le vieux Tirésias a reconnu le dieu sous les traits du jeune illuminé que Penthée a jeté en prison. Il essaie de convaincre le roi de ne pas persister dans son erreur.

Tirésias
Cette divinité nouvelle dont tu te moques, je ne pourrais t'expliquer l'importance qu'elle prendra en Grèce [...]. L'enfant de Sémélé a découvert la boisson tirée du jus de la grappe et il l'a apportée aux hommes : elle soulage les mortels qui souffrent de leur peine lorsqu'ils sont rassasiés du jus de la vigne, et elle leur donne le sommeil et l'oubli de leurs malheurs quotidiens – il n'y a pas d'autre remède à leurs fardeaux. Ce dieu, une fois accompli, se fait libation pour les autres dieux : c'est donc grâce à lui que les hommes reçoivent tout ce qui leur arrive de bien.
Et ça te fait rire qu'il ait été cousu dans la cuisse de Zeus ? Je vais t'apprendre la belle histoire qui s'est passée. Quand Zeus l'eut arraché au feu de la foudre, il amena le nouveau-né sur l'Olympe ; Héra voulait le jeter du haut du ciel, mais Zeus imagina pour la contrer une ruse digne de sa grandeur divine : il déchira une partie de l'éther qui entoure la terre, et il la donna comme otage, livrant ce fantôme de Dionysos à la colère d'Héra ; plus tard, les hommes ont raconté qu'il avait été cousu dans la cuisse de Zeus par un jeu de mots [1] : parce qu'un dieu avait servi d'otage autrefois à la déesse Héra – et l'histoire était née.

Ibid., vv. 271-273, 277-296

---

1. En grec, « cuisse » se dit *mèros*, et « otage », *omèros*.

Mais Penthée reste sourd aux sages conseils de Tirésias. Dionysos, depuis sa prison, lui suggère d'aller voir ce que font les femmes dans la montagne ; pour ne pas se faire repérer, il doit se déguiser lui-même en femme. Dans un tel accoutrement, le roi part chercher les Thébaines. Il les trouve et comprend, trop tard, qu'elles ne sont plus elles-mêmes et qu'il est perdu : dans leur transe, elles le prennent pour une bête sauvage et le prennent en chasse, sa mère Agavé en tête. Comme Euripide, Ovide décrit la terrible fin du roi Penthée qui voulut s'opposer à Dionysos :

Il y a, quasiment à mi-pente, derrière une bordure de forêts, dépourvue d'arbres et sans cachette possible, une clairière. Là, l'homme regarde les mystères sacrés de ses yeux profanes ; c'est elle qui le repère, elle qui, la première, se lance dans une course folle, elle qui, la première, agresse, en lançant son thyrse contre lui, son enfant : c'est la mère de Penthée. Elle s'écria : « Mes sœurs, par ici les filles ! Il y a un sanglier, une bête énorme qui divague sur notre terrain, il y a un sanglier, il faut que je le frappe ! » Chacune se précipite pour ne plus former qu'une masse furieuse ; elles s'assemblent toutes et poursuivent le malheureux tout tremblant – oh oui, maintenant, il tremble, maintenant, son discours n'est plus aussi violent, maintenant, il se maudit, maintenant, il reconnaît sa faute !

Cependant, blessé, il dit : « Aide-moi, ma tante, Autonoé ! Que l'ombre d'Actéon réveille ta pitié ! » Mais elle ne sait plus qui est Actéon, et elle arrache le bras droit de son neveu qui la supplie ; Ino lui déchiquette l'autre en le lui déboîtant. Le malheureux n'a plus de bras à tendre à sa mère : il lui montre ses moignons blessés, comme il n'a plus de membres, et lui dit : « Regarde, maman ! » À cette vue, Agavé poussa un hurlement, jeta la tête en arrière et secoua ses cheveux lâchés – prenant entre ses doigts sanglants la tête qu'elle a décapitée, elle s'écrie : « Io, bravo les filles, ce résultat, c'est notre victoire ! » Le vent n'est pas plus rapide à enlever les feuilles d'automne, saisies par le froid, qui ne tiennent plus au sommet de l'arbre, que ne l'ont été ces mains meurtrières à arracher les bras de cet homme.

Par des exemples de ce genre, les femmes ont été prévenues : elles célèbrent assidûment les mystères du nouveau dieu, elles lui offrent de l'encens et vénèrent les saints autels de l'Isménide.

Ovide, *Métamorphoses*, III, vv. 708-733

HERMÈS

> *À ces mots de Zeus, le Messager, Tueur d'Argos*[1], *se garda bien de ne pas obéir : il noua aussitôt sous ses pieds ses belles sandales, immortelles et toutes d'or, qui le portaient au-dessus de la mer comme de la terre sans limites, pareil au souffle du vent. Puis il prit la baguette qui lui permet de charmer les yeux des hommes, selon son désir, ou au contraire de les tirer du sommeil. Sa baguette en main, le puissant Tueur d'Argos prit son envol...*
>
> Homère, *Odyssée*, V, vv. 43-49

Hermès, comme Dionysos*, est un dieu jeune : quoique fils de Zeus, il est arrivé dans le monde de l'Olympe bien après ses frères et sœurs. Sa naissance secrète en est la cause : Zeus* s'unit à la nymphe Maïa à l'insu d'Héra, et la mère cacha l'enfant dans une grotte pour que l'épouse de Zeus ne découvre pas la nouvelle infidélité de son mari. Il garde d'ailleurs de cette entrée au monde un goût pour le mystère (il est le dieu des voleurs). Ce dieu se lie d'une indéfectible amitié à Apollon* dès le jour de sa naissance, à la suite d'une étrange aventure que nous conte par le détail l'*Hymne homérique* qui lui est consacré. À peine né, Hermès s'en va commettre

---

1. Cette épiclèse (*Argeiphontès* en grec) est de sens discuté : elle était néanmoins comprise, sans doute de manière erronée, par les Grecs de l'époque classique, comme signifiant « le tueur d'Argos » (Hermès avait en effet tué ce monstre à cent yeux chargé de garder la jeune Io).

son premier forfait : il vole les bœufs du troupeau d'Apollon, et les emmène dans sa grotte en prenant soin de les faire marcher à reculons, pour égarer qui voudrait suivre leurs traces. Mais Apollon, le dieu des oracles, renseigné par un paysan qui avait vu la scène, se rend dans la grotte où Hermès, encore nourrisson, fait mine de dormir dans son berceau. Comme il persiste à nier le vol, Apollon l'emmène devant le juge impartial et souverain, Zeus. Suit un procès en bonne et due forme, où Apollon se fait accusateur. À ce discours, le petit Hermès, plein d'aplomb, répond ceci :

« Zeus Père, je vais te dire la vérité : mon cœur est sincère et je ne sais pas mentir. Apollon est venu dans notre demeure aujourd'hui même au lever du jour en cherchant ses vaches aux pieds robustes. Il n'amenait pour témoin aucun dieu, et pourtant il m'a ordonné avec grande violence de dire où se trouvait son troupeau ; il m'a menacé de me précipiter dans le vaste Tartare, parce qu'il est à la tendre fleur de l'âge glorieux, tandis que moi – il le sait fort bien –, né d'hier, je ne ressemble pas à un voleur de bœufs, qui ne peut être qu'un homme vigoureux ! Crois-moi, toi qui te glorifies d'être mon père, je n'ai point conduit de vache chez moi ; puissé-je être riche moi aussi ! Je n'ai pas même passé le seuil de ma grotte : je le dis avec sincérité. Certes j'ai du respect pour Hélios et pour tous les autres dieux ; je t'aime et je le révère ; tu le sais et lui aussi que je ne suis point coupable, et je le jurerai par un grand serment : NON, je le jure par ces magnifiques portiques des Immortels ! Un jour, malgré sa force, je me vengerai de son impitoyable perquisition[1]. Mais toi, viens donc secourir les plus jeunes ! »

Le Tueur d'Argos habitant du Cyllène clignait de l'œil en disant ces mots et gardait sur l'épaule ses langes qu'il n'avait

---

1. Hermès emploie, en un renversement comique, le mot *phôra*, qui désigne aussi bien le vol que la recherche d'un voleur !

point encore rejetés. Zeus éclata de rire en voyant son fils si rusé nier avec tant d'adresse le vol des génisses. Il ordonne alors aux deux divinités de s'accorder et de chercher ensemble les troupeaux d'Apollon.

Hymne homérique à Hermès, vv. 368-391
trad. Falconnet revue par les auteurs

Ce discours d'Hermès nous livre les clés permettant de comprendre ce dieu : rusé, diligent et menteur, il sait manier l'éloquence comme personne (il deviendra d'ailleurs le dieu tutélaire des orateurs) : son discours, agrémenté d'un pastiche de serment, acte de parole fondateur entre tous pour les Grecs, s'il ne trompe pas Zeus, le séduit néanmoins, puisqu'il ne peut réprimer un rire d'admiration devant le toupet de son dernier né. Il nous livre aussi les clés d'une interprétation naturaliste de ce mythe, qui eut cours dès l'Antiquité : Apollon, précisément identifié à Hélios dans ce passage, représente le soleil, et ses troupeaux, les nuages qui « paissent » dans le ciel et fertilisent la terre par leurs « déjections ». Hermès, qui deviendra à l'issue de ce récit, quand les frères seront réconciliés par un double don, le gardien des troupeaux d'Apollon (il lui donne son bâton de berger, tandis qu'Hermès offre à son frère la lyre dont il est l'inventeur), n'était autre, pour certains mythographes grecs, que le vent qui rassemble et fait paître ces nuages. C'est cette identification naturaliste qui explique qu'on le figure chaussant des sandales ailées qui lui permettent de voler, ou qu'on le nomme psychopompe, c'est-à-dire « guide des âmes » – les âmes étaient assimilées à des souffles en Grèce –, qu'il est chargé de conduire chez Hadès. Elle explique aussi qu'il est le messager des dieux, et qu'il protège les voyageurs, qui, tout comme le vent, passent sans cesse d'une terre à l'autre.

II

Le temps des héros

THÉSÉE ET HIPPOLYTE

Héros national d'Athènes et de sa région et protégé de Poséidon*, Thésée a une vie bien remplie. Caché à sa naissance à Trézène par son père, il doit d'abord se rendre à Athènes se faire reconnaître par Égée pour commencer sa longue carrière ; il combat tour à tour les Amazones, va en Crète vaincre le Minotaure (→ *Poséidon*), emmène au passage Ariane, la fille de Minos, qu'il abandonne sur l'île de Naxos, provoque le suicide de son père, devient roi d'Athènes, à qui il donne, dit-on, des lois qui restèrent longtemps en vigueur, et descend même aux Enfers ! Nous nous intéresserons ici au drame qui endeuilla la fin de sa vie : il avait eu de la reine Amazone Hippolytè un fils nommé Hippolyte. Ce beau jeune homme avait hérité de sa mère un goût prononcé pour la forêt et la vie sauvage ; il passait le plus clair de son temps, en bon disciple d'Artémis, à chasser mais, peu intéressé par les femmes, il n'avait que peu de respect pour Aphrodite. Cette dernière vengea alors cet affront en suscitant dans le cœur de Phèdre, sœur d'Ariane mariée à Thésée, une passion irrépressible pour son beau-fils. Quand ce dernier la repoussa, piquée au vif, elle prétendit à Thésée qu'Hippolyte avait tenté de la violer. Le roi, fou de colère, demanda instamment à Poséidon (qui avait promis à Thésée d'exaucer trois de ses vœux) de tuer son fils. Le dieu envoya alors un monstre marin attaquer le jeune Hippolyte. Sénèque, dans sa tragédie intitulée *Phèdre*, suivant en cela son modèle Euripide, nous livre, par la bouche du messager venu annoncer la nouvelle à

Thésée, une description riche en détails saisissants de l'agonie et de la mort d'Hippolyte.

Messager

[...] Le taureau [1] soulevait son cou aux sombres couleurs du ciel et dressait une épaisse crinière sur son front verdâtre ; il hérisse des oreilles hirsutes, et ses yeux ronds, aux couleurs changeantes, rappellent et le mâle dominant d'un troupeau de fauves et le monstre né sous les flots. Son regard tantôt crache des flammes, tantôt brille d'un bleu azur étincelant. Ses muscles se gonflent affreusement sur son cou énorme ; ses larges naseaux frémissent quand ils s'ouvrent ; des algues gluantes s'attachent à sa poitrine et à ses fanons qu'elles colorent de vert, et son long flanc est recouvert, çà et là, d'algue rouge. Et le reste de son corps se termine en un assemblage monstrueux : la bête, gigantesque, écailleuse, déroule une immense queue. [...] La terre tremble, le bétail effrayé se disperse dans les champs et le gardien oublie de suivre ses vaches. Toutes les bêtes de la forêt s'enfuient, tous les chasseurs frémissent, blêmes, glacés d'épouvante. Seul Hippolyte, inaccessible à la peur, arrête ses chevaux effrayés d'une main ferme, et, d'une voix qui leur est connue, s'efforce de les rassurer.

Une route de hauteur mène vers l'intérieur des terres trouant les rochers jouxtant la côte. C'est là que l'énorme monstre s'anime au combat et aiguise sa rage. Dès qu'il a pris courage et médité son attaque, il s'élance dans un bond fulgurant et – c'est à peine s'il touche terre dans sa course rapide – il se dresse farouche devant les chevaux tremblants. Votre fils se lève face à lui, et, sans changer de visage, l'œil menaçant, crie d'une voix terrible : « Cette terreur vaine ne saurait abattre mon courage, car j'ai hérité de mon père le rôle de tueur de taureaux. » Mais aussitôt les chevaux,

---

1. La créature envoyée par Poséidon prend, au sortir des flots, l'apparence d'un taureau monstrueux.

40

n'obéissant plus aux rênes, entraînent le char et quittent la route, portés là où les mènent leur rage et leur folle frayeur, droit sur les rochers. Mais lui, comme un pilote qui, malgré la tempête, empêche son navire de présenter le flanc aux vagues, maîtrise encore ses chevaux emportés. Tantôt il tire à lui les rênes, tantôt il frappe à coups redoublés leur croupe. Mais le monstre, en compagnon obstiné, le suit et bondit tantôt à côté du char, tantôt devant les chevaux, redoublant à chaque fois leur terreur. Ils n'ont plus d'issue, car le monstre marin leur fait face, cornes en avant, avec sa gueule effroyable. Alors les coursiers épouvantés, sourds aux ordres de leur maître, luttent pour se dégager du joug ; ils se cabrent et renversent le char. Hippolyte tombe visage contre terre, étroitement emmêlé dans les rênes : plus il se débat, plus les courroies se resserrent et l'attachent. Les bêtes comprennent ce qui se passe et, comme personne ne commande le char, se précipitent là où les pousse la peur. [...] Hippolyte ensanglante les champs en une longue traînée et sa tête fracassée rebondit sur les rochers. Les ronces arrachent ses cheveux, la pierre dure meurtrit son visage, et sa beauté funeste périt sous mille blessures. Mais tandis que le char rapide emporte son corps à l'agonie, finalement un tronc à demi brûlé l'empale de sa pointe plantée au milieu de son aine. Pendant quelques instants, cette pointe qui éventre mon maître arrête la course du char ; mais les chevaux arrêtés d'un même coup forcent l'obstacle et mettent en pièces leur maître. Lui qui respirait encore, les buissons le lacèrent, les fourrés hérissés d'épines, les souches arrachent quelque lambeau de son corps. Sa troupe de serviteurs, éperdus, passe au crible les champs le long de la route qu'Hippolyte déchiqueté a marquée de sa trace sanglante, et ses chiens cherchent en gémissant les membres de leur maître. Dans notre tristesse, nos soins infatigables n'ont pu encore rassembler tous les restes de son corps. Est-ce là l'éclat de sa beauté ? Lui qui naguère partageait glorieusement le trône de son père et, héritier certain, brillait comme un astre, on le ramasse à présent, morceau après morceau, pour ses funérailles.

Thésée
Ô trop puissante Nature ! Quelle force tu donnes au lien du sang qui enserre les pères ! J'ai voulu la mort du coupable, et je pleure sa perte.
Sénèque, *Phèdre*, vv. 1036-1048 ; 1050-1089 ; 1093-1117
trad. Nisard revue par les auteurs

DÉDALE ET ICARE

Thésée* a vaincu le Minotaure que son beau-père Minos, le roi de Crète, avait enfermé dans un labyrinthe, pour le neutraliser sans le tuer (→ *Poséidon*). Cette architecture remarquable avait été conçue par Dédale, ingénieur digne d'un Léonard de Vinci qui parvint même à inventer un système d'ailes artificielles pour s'envoler, avec son fils Icare, et fuir la tyrannie de Minos. Mais le génie n'est rien sans la sagesse...

Cependant, Dédale prit en haine la Crète et son long exil, atteint par le mal du pays, mais il était bloqué par la mer. « La terre, dit-il, et l'eau ont beau me faire barrage : le ciel aussi est ouvert, à l'évidence ; nous passerons par là ; Minos a beau tout posséder, il ne possède pas les airs. » Il s'applique à concevoir des technologies inconnues et il révolutionne les lois de la nature. En effet, il dispose des plumes en ordre croissant, en commençant par la plus petite, une plus courte suivant une longue, de sorte qu'elles semblent augmenter régulièrement : c'est ainsi que la flûte campagnarde, autrefois, surgit peu à peu de tubes inégaux [1] ; alors, il attache celles du milieu par un fil et celles du bas avec de la cire ; assemblées de la sorte, il les ploie en suivant une

---

1. La flûte de Pan.

légère courbe pour imiter les vrais oiseaux. Son fils Icare lui tenait compagnie ; ignorant qu'il manipulait le danger qui l'attendait, la mine réjouie, tantôt il jouait avec les plumes que le vent avait fait s'envoler çà et là, tantôt il ramollissait la cire blonde avec son pouce et, par ses bêtises, gênait le travail admirable de son père. Après qu'il eut mis la dernière main à son entreprise, l'inventeur balança son corps sur ses deux ailes et fut suspendu dans l'air qu'il battait.

Il expliqua la technique à son fils et lui dit : « Je te préviens, Icare, il faut que tu avances à une hauteur moyenne ; si tu vas trop bas, l'eau alourdira les plumes ; si tu voles trop haut, le soleil les brûlera. Vole entre les deux. Je t'interdis de regarder le Bouvier ou Hélikè, ou l'épée dégainée d'Orion [1] : suis-moi et prends la même route ! » De la même manière, il prodigue ses conseils à son fils pour voler et ajuste ses ailes que ses bras découvrent. Au milieu de son travail et de ses conseils, ses vieilles joues se couvrirent de larmes, ses mains de père se mirent à trembler ; il donna un baiser à son enfant – ce qu'il ne devait plus jamais refaire : soulevé par ses ailes, il s'envole et ouvre la voie, inquiet pour son compagnon, comme une mère oiseau qui conduit son petit oisillon dans les airs en le lâchant du haut du nid ; il l'encourage à le suivre, il lui enseigne les techniques qui lui seront funestes, il bat des ailes en même temps qu'il surveille son enfant derrière lui.

Un pêcheur en train d'attraper des poissons avec sa canne tremblante, un berger accoudé à son bâton ou un laboureur au manche de sa charrue les virent et crurent halluciner, et comme ils pouvaient voyager dans le ciel, ils les prirent pour des dieux. Déjà, il y avait à leur gauche Samos, l'île de

---

1. Le Bouvier, Hélikè (autre nom de la Grande Ourse) et Orion sont des constellations. Cette dernière tire son nom du fameux chasseur de la mythologie, et les étoiles qui la composent semblent former une arme (une épée ou une pique) dans ses mains.

Junon (ils avaient dépassé Délos et Paros), et à leur droite Lébinthos et Calymnè[1] qui produit tant de miel, lorsque l'enfant commença à prendre plaisir à l'aventure du vol, il se sépara de son guide et, attiré irrésistiblement par le ciel, il monta plus haut. La proximité du soleil mordant assouplit la cire parfumée qui collait les plumes ; la cire fond ; l'enfant agite ses membres nus, et faute de ramage, il ne recueille pas le moindre appui sur l'air ; sa bouche, bleuie, crie le nom de son père, et se remplit de l'eau qui tire son nom de lui. Et son malheureux père, qui n'en était plus un, dit : « Icare, Icare, dit-il, où es-tu ? À quel endroit dois-je te chercher ? Oh Icare ! » Il aperçut les plumes dans la mer et il maudit sa technologie ; il enterra son corps dans un tombeau et la terre prit le nom de l'enfant qui y était enseveli[2].

Ovide, *Métamorphoses*, VIII, vv. 183-235

PERSÉE

Persée est probablement l'un des seuls héros du mythe grec à être dénué de grave défaut : à l'inverse de Bellérophon, il est exempt d'orgueil, il n'est pas sujet, comme Héraclès*, à de violents accès de fureur, il n'a pas négligé, comme Thésée*, les recommandations de son père. S'il finit par être le meurtrier de son grand-père Acrisios, comme l'avait prédit un oracle, c'est bien malgré lui. Ce roi, pourtant, avait tout fait pour éviter que sa fille, Danaé, ait un enfant, car il savait qu'elle aurait alors donné naissance à son meurtrier, et l'avait fait enfermer dans une tour d'airain. C'était sans compter sur Zeus*, qui voulait donner au monde un héros, et qui se changea en pluie d'or pour rejoindre la jeune fille et lui faire un enfant. À la naissance de Persée, Acrisios envoya la mère et l'enfant en exil. C'est au cours de cet exil qu'a lieu l'épisode

---

1. Partis de Crète, Dédale et son fils survolent les Cyclades (Délos, Paros), puis les îles bordant l'Asie Mineure en direction de Milet (Samos, Lébinthos, Calymnè).
2. L'île sur laquelle est tombé Icare fut appelée Icaria, et la mer qui l'entoure, la mer Icarienne.

le plus fameux de la geste de Persée : son combat contre la Gorgone Méduse, dont il doit rapporter la tête.

Alors Persée, guidé par Hermès et Athéna, se rendit chez les filles de Phorcys et de Céto : Ényo, Péphrédo et Dino. Elles étaient les sœurs de la Gorgone, et vieilles depuis leur naissance : à elles trois, elles n'avaient qu'un œil et qu'une dent, et elles se les passaient à tour de rôle. Persée s'en empara, et il leur dit qu'il les leur rendrait à condition qu'elles lui révèlent la route pour se rendre chez les Nymphes. Ces Nymphes avaient en leur possession les sandales ailées et la *kibisis* (qui est, à ce qu'on dit, une besace). [...] Ces Nymphes possédaient également le casque d'Hadès. Les filles de Phorcys lui indiquèrent le chemin, Persée leur rendit l'œil et la dent, et se rendit auprès des Nymphes qu'il cherchait. Il mit son sac en bandoulière, attacha ses sandales, et posa sur sa tête le casque qui avait le pouvoir de rendre invisible celui qui le portait. Persée reçut d'Hermès la faucille d'acier ; puis il vola jusqu'à l'Océan ; il trouva les Gorgones endormies. Elles étaient trois : Sthéno, Euryale et Méduse. Seule Méduse était mortelle : c'est pourquoi Persée devait s'emparer de la tête de cette dernière. À la place des cheveux, les Gorgones avaient des serpents entortillés, hérissés d'écailles ; et elles avaient d'énormes défenses de sangliers, et des mains de bronze, et des ailes en or qui leur permettaient de voler. Quiconque les regardait était changé en pierre. Persée, donc, les attaqua pendant leur sommeil. Athéna guidait sa main : tenant la tête tournée, et regardant l'image de Méduse reflétée sur le bouclier de bronze, il lui coupa la tête. Et du cou tranché bondit Pégase, le cheval ailé, et Chrysaor, le père de Géryon, que Méduse avait conçus de Poséidon.

Apollodore, *Bibliothèque*, II, 4, 2
trad. Nodier revue par les auteurs

Après cet exploit, Persée survola l'Éthiopie où il vit une jeune fille enchaînée à un rocher : Andromède, la fille du roi local Céphée, avait dû être offerte en sacrifice à un monstre marin dépêché par Poséidon* à la demande des Néréides, blessées que la mère d'Andromède, Cassiopée, se soit vantée d'être aussi belle qu'elles. Persée ne laissa pas cet injuste châtiment se produire et gagna ainsi la main de celle qui allait devenir son épouse.

Là, par l'injuste oracle d'Ammon, Andromède expiait, innocente, les propos tenus par sa mère. Dès que le fils d'Abas [1] la voit les bras attachés aux durs rochers, [...] il brûle d'une flamme qu'il n'a jamais connue et reste abasourdi. Séduit par l'exquise beauté qu'il aperçoit, il en oublie presque de battre des ailes. À peine posé, il lui dit : « Ô toi, qui ne mérites pas de porter de pareilles chaînes, mais celles qui unissent des amants pleins de désir, apprends-moi, de grâce, ton nom, celui de ces contrées, et pourquoi tu es enchaînée ! » Elle garde d'abord le silence, et, vierge, n'ose parler à un homme ; elle eût même, si ses mains avaient été libres, caché son visage de ses chastes mains. Du moins pouvait-elle pleurer ; ses yeux s'emplirent de larmes ; et comme Persée la pressait de répondre, craignant enfin qu'il n'imputât son silence à des méfaits dont elle serait coupable, elle lui dit son nom, celui de son pays, et combien sa mère s'était par trop vantée de sa beauté. Elle n'avait pas encore terminé que l'onde se mit à gronder : un monstre venu de l'immense océan se dresse menaçant, et recouvre sous ses flancs, la vaste mer.

Andromède pousse un cri ; son père affligé et avec lui sa mère assistaient à cette scène, tous deux malheureux, mais cette dernière à plus juste titre. Incapables de venir en aide à leur fille, ils n'ont à offrir que des larmes et des gémisse-

---

1. Persée est un descendant d'Abas.

ments de circonstance, et ils serrent contre eux le corps de leur fille enchaînée. [...]

Et voici que, tel un vaisseau rapide à la proue aiguë, poussé par les efforts des bras de ses jeunes rameurs en sueur, sillonne et fend l'onde écumante, la bête approche, écarte de sa poitrine les flots. Et déjà elle n'était plus séparée du rivage que par la distance parcourue dans le ciel par la pierre que lance un frondeur baléare ; mais soudain, le jeune héros, frappant de ses pieds la terre qu'il semble repousser, s'élance impétueux au haut des airs ; voyant son ombre réfléchie à la surface de l'eau, la bête s'acharne sur l'ombre. [...] Le fils d'Inachus[1] vole et se précipite, et fond sur le dos du monstre, et plonge tout entier son fer dans ses flancs.

Le monstre, qu'irrite une large blessure, bondit sur l'onde, ou se cache dans les flots, ou s'agite et se roule tel un sanglier que poursuit une meute aboyante. Le héros, par l'agilité de ses ailes, se dérobe à ses dents avides, et de son glaive recourbé le frappe sans relâche sur son dos hérissé d'écailles, dans ses flancs et sur sa queue, semblable à celle d'un poisson.

Avec des flots de sang le monstre vomissait l'onde, qui rejaillit sur les ailes du héros ; il les sent s'appesantir, et n'ose plus s'y confier. Il découvre un rocher dont le sommet domine l'onde tranquille, et disparaît quand la tempête agite les mers ; il s'y soutient : d'une main il saisit la pointe du rocher qui s'avance et de l'autre plonge et replonge son fer dans les flancs du monstre, qui expire sous ses coups redoublés.

Au même instant le rivage retentit de cris et d'applaudissements qui montent jusqu'aux cieux. Céphée et Cassiopée, heureux et pleins de joie, saluent, dans le héros, leur gendre, et le proclament le sauveur de leur maison. Libérée de ses

---

1. Autre ancêtre de Persée.

chaînes, la jeune fille, cause et prix de l'exploit, s'avance
vers eux.

Ovide, *Métamorphoses*, IV, vv. 670-739
trad. Villenave revué par les auteurs

LA GUERRE DE TROIE

La guerre de Troie est l'un des récits les plus importants
du mythe grec, ne serait-ce que parce que les textes les plus
anciens de la littérature grecque, et ceux sans doute qui ont
eu la postérité la plus importante dans la culture gréco-
romaine et, plus généralement, occidentale, l'*Iliade* et l'*Odyssée* d'Homère, en traitent directement. Toutefois, les poèmes homériques ne dévoilent que quelques événements
– l'*Iliade*, consacrée à la colère d'Achille, ne parle que
d'une année de ce siège de dix ans, celle qui a vu tour à
tour la désertion d'Achille, en fureur contre Agamemnon,
le chef de l'expédition achéenne, et son retour sur le
champ de bataille pour venger la mort de son cher Patrocle. Mais nombreux sont les continuateurs d'Homère ou
les auteurs qui nous ont révélé tous les détails de cet épisode mythique, depuis son lointain commencement aux
noces de Thétis et Pélée jusqu'à la fuite d'Énée, le dernier
Troyen libre, qui l'emmena jusqu'aux rivages de la loin-
taine Italie.

Les insoupçonnables effets d'une pomme

Cette guerre, qui enflamma tout le monde grec, a pour
cause première une mesquinerie divine restée célèbre.
Laissons Hygin, grand compilateur romain de mythes
grecs, nous conter par le détail l'histoire de la « pomme de
discorde ».

On raconte que Jupiter, à l'occasion du mariage de Thétis et Pélée, invita à un banquet tous les dieux sauf Éris,
c'est-à-dire la Discorde ; comme celle-ci s'y était rendue sur
le tard et qu'elle n'était pas admise au banquet, depuis le
seuil de la porte, elle envoya une pomme au milieu de la

pièce, disant que devait la prendre celle qui était la plus belle.

Junon, Vénus et Minerve commencèrent à revendiquer la beauté pour elles, et entre elles naquit une grande discorde ; Jupiter ordonne à Mercure de les conduire sur le mont Ida trouver Alexandre Pâris : qu'il en soit juge.

Junon lui promit que s'il se prononçait en sa faveur, il régnerait sur toutes les terres et que sa fortune dépasserait celle de tous les autres ; Minerve, elle, lui promit que si elle sortait victorieuse de ce jugement, il serait le plus puissant de tous les mortels et qu'il détiendrait la science en tout domaine ; Vénus, quant à elle, promit de lui donner en mariage Hélène, la fille de Tyndare, la plus belle de toutes les femmes.

Pâris préféra ce dernier cadeau aux premiers et jugea que Vénus était la plus belle ; pour cela, Junon et Minerve devinrent les ennemies de Troie.

Poussé par Vénus, Alexandre enleva Hélène à Lacédémone, dans la demeure de son hôte Ménélas, pour la conduire à Troie et il la prit pour épouse avec deux servantes, Æthra et Thisadies, que Castor et Pollux lui avaient assignées comme esclaves, elles qui jadis avaient été reines.

Hygin, *Fable* 92

« *Chante, déesse, la colère...* »

Cette épopée est avant tout un récit de colères. Et Achille n'est pas le seul héros à connaître ce sentiment : tous ou presque la ressentent à un moment ou à un autre de l'œuvre. Et les dieux ne sont pas en reste : l'*Iliade* s'ouvre sur la colère d'Apollon*, qui sera la cause indirecte de la sécession d'Achille.

Qui d'entre les dieux les jeta dans cette querelle ? Le fils de Zeus et de Léto. Irrité contre le roi, il fit naître dans l'armée un mal mortel, et les hommes périssaient, parce que

49

le fils d'Atrée [1] avait fait offense à Chrysès, son prêtre. Celui-ci, oui, était venu vers les nefs rapides des Achéens pour racheter sa fille ; apportant une immense rançon et tenant dans ses mains les bandelettes de l'archer Apollon suspendues à son sceptre d'or, il conjurait tous les Achéens, et surtout les deux fils d'Atrée [2], ordonnateurs d'hommes :

« Fils d'Atrée, et vous tous, Achéens aux belles jambières, puissent les dieux qui habitent les palais de l'Olympe vous donner de détruire la ville de Priam et de vous en retourner sains et saufs ; mais puissiez-vous me rendre ma fille et recevez cette rançon, au nom du fils de Zeus, l'archer Apollon ! »

Alors tous les Achéens firent entendre leur assentiment : ils voulaient qu'on respectât le prêtre en échange de la splendide rançon. Mais cela ne plut point à Agamemnon fils d'Atrée, et il le renvoya outrageusement avec ce commandement violent :

« Prends garde, vieillard, que je ne te trouve auprès des nefs creuses, soit que tu t'y attardes aujourd'hui, soit que tu reviennes : ton sceptre et les bandelettes du dieu pourraient ne plus te protéger. Ta fille, je ne la libérerai point. La vieillesse l'atteindra avant, dans mon palais d'Argos, loin de sa patrie, où elle tissera la toile et partagera mon lit. Va-t'en ! Ne m'irrite point, si tu veux rentrer chez toi en vie. »

À ces mots, le vieillard trembla et obéit. Et il allait, silencieux, le long du rivage de la mer aux mille bruits. Et, se voyant éloigné, il adressa cette prière au seigneur Apollon, fils de Léto à la belle chevelure :

« Entends-moi, dieu à l'arc d'argent, toi qui protèges Chrysè et Cilla la divine, toi le seigneur de Ténédos ! Smintheus [3], s'il est vrai que j'ai donné un toit à ton temple qui

---

1. Agamemnon, appelé également « le roi ».
2. Agamemnon et son frère Ménélas.
3. Autre nom d'Apollon.

t'agrée, que j'ai brûlé pour toi de grasses cuisses de taureaux et de chèvres, exauce mon vœu : que tes flèches fassent payer mes larmes aux Danaens ! »

Telle fut sa prière, et Phoibos Apollon l'entendit et, du sommet de l'Olympe, se précipita, irrité dans son cœur, avec sur les épaules son arc et son carquois à double peau.

Homère, *Iliade*, I, vv. 8-45
trad. Leconte de Lisle revue par les auteurs

Pendant neuf jours, la peste fait rage dans le camp des Achéens ; le devin Calchas explique à Agamemnon qu'il a offensé le dieu et qu'il doit rendre la fille de Chrysès, ce qu'il se résout à faire sous la pression des chefs achéens ; mais pour ne pas perdre la face, il prend en échange comme nouvelle concubine Briséis, qui avait été auparavant donnée à Achille. C'est ce qui provoque la fameuse colère du héros, qui regagne sa tente et abandonne les armes.

Une guerre des dieux

Même s'il s'agit d'un reflet lointain et déformé d'une guerre qui aurait véritablement eu lieu, la guerre de Troie est proprement mythique en ce qu'elle se déroule à une époque où les dieux se mêlaient quotidiennement aux hommes. Loin d'être confinés dans leurs temples ou sur l'Olympe, ils participent sans cesse à l'action, soit en l'observant de près et en commentant les actes de tel ou tel héros, soit en adressant la parole à l'un de leurs protégés pour lui redonner courage, soit encore en participant directement aux combats. Hector, Pâris, Énée ou Diomède ont dû plus d'une fois leur salut à l'intervention d'un dieu. Et cette guerre est aussi et avant tout une guerre des dieux, qui se divisent en véritables factions, pro-troyenne ou pro-achéenne, selon leurs liens personnels avec tel ou tel héros ou leur haine pour tel personnage. Hormis Zeus*, qui ne prend pas parti (encore qu'il aime particulièrement les Troyens Hector ou Sarpédon ; → *Zeus*), les Olympiens se rangent ostensiblement d'un côté (Apollon*, Aphrodite*, Arès sont les protecteurs des Troyens) ou de l'autre

(Athéna*, Héra, Poséidon*, ce dernier par haine envers la maison de Priam, favorisent les Achéens). Et les dieux ne sont pas moins impitoyables que les hommes envers leurs semblables : le chant V de l'*Iliade*, consacré aux exploits de Diomède, le montre admirablement. Diomède est le protégé d'Athéna, mais, grièvement blessé par un Troyen, il est sur le point de mourir, quand la déesse décide d'intervenir et décuple sa fougue en lui disant :

« Aie courage, Diomède, dans l'issue de ton combat contre les Troyens, car j'ai mis dans ta poitrine l'intrépide vigueur de ton père, celle dont faisait montre le cavalier Tydée au bouclier toujours brandi. Et j'ai dissipé le nuage qui était sur tes yeux, afin que tu distingues un dieu d'un homme. Si un dieu venait désormais te tenter, ne lutte point contre les dieux immortels, sauf si Aphrodite, la fille de Zeus, descend dans la mêlée ; elle, frappe-la de ton bronze affilé ! »

Homère, *Iliade*, V, vv. 123-132
trad. Leconte de Lisle revue par les auteurs

À ces paroles, Diomède, tout revigoré, se jette à nouveau dans la bataille, ignorant que désormais, à cause de l'intervention d'Athéna, les autres dieux ont décidé d'entrer eux aussi dans la bataille. Il finit par rencontrer Énée, le fils d'Aphrodite, qui fait grand massacre d'Achéens.

[...] Alors le fils de Tydée[1] saisit de sa main un lourd rocher – exploit admirable ! – que deux hommes, de ceux qui vivent aujourd'hui, ne pourraient soulever ; mais lui, tout seul, il le souleva facilement. Et il en frappa Énée à la cuisse, là où le fémur tourne dans la hanche à l'endroit qu'on nomme cotyle. Il heurta le cotyle, rompit les deux muscles supérieurs et la pierre rugueuse lui déchira la peau. Le héros, tombant sur les genoux, s'appuya d'une main lourde sur la terre, et une nuit noire couvrit ses yeux. Et il eût

---

1. Diomède.

alors sans doute péri, le seigneur des hommes, Énée, si la fille de Zeus, Aphrodite, ne l'eût remarqué de son regard perçant, sa mère qui l'avait conçu d'Anchise, le gardien de bœufs. Autour de son cher fils elle jeta ses bras blancs et devant lui étendit son péplos éclatant pour le protéger des flèches, de peur qu'un des Danaens aux rapides montures ne lui enfonçât une lame d'airain dans la poitrine et ne lui arrachât l'âme. Et elle enleva du champ de bataille son cher fils [...].

Ibid., vv. 302-318

Mais Diomède, qui par la grâce d'Athéna savait reconnaître les immortels, se lança à la poursuite d'Aphrodite pour la blesser :

[...] Mais [Diomède], de sa lame de bronze impitoyable, pressait ardemment Cypris [1], car il sait que c'est une divinité sans force et qu'elle n'est point de ces déesses qui ont pour apanage la guerre des hommes, qu'elle n'est ni Athéna ni Ényô la destructrice de citadelles. Et, la poursuivant dans la foule immense, le fils du magnanime Tydée alors se raidit, saute et de sa lance affilée blesse le bout de son bras. Et aussitôt la lance perça la peau divine à travers le péplos que les Grâces avaient tissé elles-mêmes, au-dessus du poignet ; et le sang immortel de la déesse, l'*ichôr*, se répandit, tel qu'il coule dans les veines des dieux bienheureux. Car ils ne mangent point de pain, ils ne boivent point le vin aux reflets de feu, et c'est pourquoi ils n'ont point de sang et sont nommés Immortels. Elle poussa alors un grand cri et laissa tomber son fils ; mais Phoibos Apollon le releva de ses mains et l'enveloppa d'un nuage sombre, de peur qu'un des Danaens aux rapides montures ne lui enfonçât une lame d'airain dans la poitrine et ne lui arrachât l'âme.

Ibid., vv. 330-346

---

1. Autre nom d'Aphrodite.

Aphrodite, blessée tant dans son corps que dans son orgueil, s'en va se plaindre tour à tour à Arès, à sa mère Dionè et à son père Zeus. Désormais, puisqu'un mortel a osé blesser une déesse, les Olympiens n'ont plus de retenue à participer directement aux combats. Athéna et Héra se rangent aux côtés de Diomède et des Achéens ; pendant ce temps, tandis qu'Apollon dépose Énée en lieu sûr et envoie sur le champ de bataille, à la place du blessé, un faux Énée, le terrible Arès, l'amant d'Aphrodite, descend dans la mêlée pour défendre les Troyens. Il se déchaîne et tue un grand nombre d'Achéens, redonnant courage aux défenseurs de la ville assiégée. C'est alors qu'il aperçoit Diomède et qu'il s'apprête à venger la douce Aphrodite, sans savoir qu'Athéna, coiffée du casque d'Hadès qui rend invisible, veille sur son protégé.

Dès qu'Arès, fléau des hommes, eut aperçu le divin Diomède, il laissa le grand Périphas étendu à l'endroit même où il l'avait frappé à mort, et marcha droit sur Diomède, le dompteur de chevaux. Puis quand ils se furent rapprochés l'un de l'autre, Arès, le premier, se raidit par-dessus le joug et les rênes de ses chevaux et lance sa pique d'airain : il brûle de lui ôter la vie. Mais la divine Athéna aux yeux clairs, saisissant le trait d'une main, le détourna du char, et l'attaque fut vaine. Ensuite alors, Diomède à la voix puissante s'élança avec sa pique d'airain, que Pallas Athéna dirigea dans le bas-ventre du dieu, là où il boucle son ceinturon.

C'est à cet endroit que Diomède le blessa, qu'il déchira sa belle peau en retirant sa lance. Alors Arès le dieu de bronze poussa un cri aussi fort que la clameur de neuf ou dix mille guerriers se ruant dans la lutte belliqueuse. Et un frisson saisit les Achéens et les Troyens, tant avait retenti le cri d'Arès insatiable de guerre !

Ibid., vv. 846-863

La colère d'Achille contre l'amour d'Hector

Malgré tout, l'enjeu de la guerre se fait autour d'hommes, et en particulier des deux champions de chaque camp : le bel Hector, fils de Priam, roi de Troie, et l'arrogant Achille, fils de la déesse Thétis. Tout les oppose : le premier est sage et bon, il honore ses parents, aime sa femme Andromaque et son fils Astyanax, tandis que le second est orgueilleux, violent et prompt à la colère. Homère fait du second le vainqueur du premier, et présente cette victoire comme inéluctable (Zeus y consent, car il sait qu'Achille périra peu après avoir tué Hector) ; et pourtant le poète ne peut cacher l'affection qu'il a pour Hector, qui est le seul héros de l'*Iliade* à être décrit dans des gestes quotidiens. Au chant VI du poème, Homère nous montre Hector rentré à Troie pour faire un sacrifice, et rencontrer tour à tour son frère, sa mère, son père et Hélène ; il s'achève par l'entrevue célèbre d'Hector et d'Andromaque sur le rempart, au-dessus des Portes Scées, où la jeune femme attendait, anxieuse, que son mari rentre dans la ville.

[Andromaque] vint à sa rencontre, une servante l'accompagnait qui portait sur le sein son jeune fils, tout petit encore, le fils bien aimé d'Hector, semblable à un bel astre. Hector l'appelait Scamandrios, mais les autres Troyens Astyanax (« le seigneur de la ville »), parce que Hector est seul protecteur d'Ilion [1]. Et il sourit en regardant son fils en silence.

Homère, *Iliade*, VI, vv. 399-404
trad. Leconte de Lisle revue par les auteurs

Andromaque, qui a déjà perdu son père Éétion et ses frères de la main d'Achille, cherche alors à le dissuader de retourner au combat, mais Hector répond :

« Certes, femme, toutes ces inquiétudes sont les miennes aussi ; mais j'ai aussi grande honte devant les Troyens et les

---

1. Ilion est l'autre nom de Troie.

Troyennes aux longs péplos traînants, à l'idée que, comme un lâche, je puisse fuir le combat. Et mon cœur ne me pousse point à fuir, car j'ai appris à être toujours vaillant et à combattre aux premiers rangs des Troyens, pour la grande gloire de mon père et pour la mienne. Je le sais, dans mon esprit et dans mon cœur : un jour viendra où la sainte Ilion périra, ainsi que Priam et le peuple de Priam à la bonne lance. Mais ni le malheur à venir des Troyens ni celui d'Hécube elle-même, du seigneur Priam et de mes frères courageux qui tomberont en foule sous les coups des ennemis, ne m'afflige autant que le tien, lorsqu'un Achéen à la cuirasse d'airain te conduira, pleurante, et te ravira la liberté ! [...] »

À ces mots, l'illustre Hector tendit les mains vers son fils, mais l'enfant se rejeta en arrière contre le sein de sa nourrice à la belle ceinture, en criant, épouvanté à l'aspect de son père ; la vue du bronze lui fait peur, tout comme le panache en crin de cheval qui s'agite, terrible, au sommet du casque. Son père et sa vénérable mère éclatèrent de rire. Aussitôt, l'illustre Hector ôta son casque et le déposa, resplendissant, sur le sol. Puis il prit son fils, l'embrassa et, le berçant dans ses bras, il supplia Zeus et les autres dieux :

« Zeus, et vous tous, dieux, faites que mon fils s'illustre, comme moi, parmi les Troyens, qu'il soit plein de force et qu'il règne souverain à Ilion ! Et qu'on dise un jour de lui "Il est bien plus valeureux que son père !", quand il reviendra du combat ! Qu'il rapporte les dépouilles sanglantes de l'ennemi qu'il aura tué, et que le cœur de sa mère en soit réjoui ! »

Ibid., vv. 441-455 ; 466-481

« *Je redoute les Danaens, même quand ils apportent des cadeaux* »

Le duel entre Hector et Achille est imminent, et l'Iliade s'achève sur les funérailles d'Hector. Mais la guerre est loin

56

d'être terminée, même si, le plus valeureux des Troyens étant mort, l'issue du conflit semble désormais inéluctable. Une tradition postérieure à l'*Iliade*, mais connue de l'*Odyssée*, nous rapporte quelle ruse a fait tomber la cité. Le récit le plus célèbre de la prise de Troie est sans doute celui que Virgile place dans la bouche d'Énée au second chant de l'*Énéide* :

[...] Brisés par la guerre et repoussés par les destins, les chefs danaens, qui ont déjà perdu tant d'années, construisent, inspirés par l'art divin de Pallas, un cheval haut comme une montagne, dont ils habillent les flancs de planches de sapin. Ils font croire que c'est une offrande pour favoriser leur retour : tel est le bruit qui se répand. Ils tirent au sort des soldats d'élite qu'ils enferment, en secret, dans le ventre aveugle du cheval, remplissant de soldats en armes les cavités immenses au creux de l'abdomen de la bête.

Virgile, *Énéide*, II, vv. 13-20

Les Troyens, malgré les avertissements de Laocoon et d'autres compatriotes plus prudents, récupèrent le cheval que les Achéens ont fait mine d'avoir abandonné sur la plage après leur départ, et le font entrer en grande pompe dans leur ville...

ŒDIPE

Le cycle thébain est sans doute moins développé que celui de Troie, faute d'un texte homérique comme référence archaïque. Il n'a pas moins connu une grande postérité à travers les siècles, jusqu'au XXe siècle où le développement de la psychanalyse a fini de répandre le mythe d'Œdipe. Bien avant Freud, l'histoire tragique de la famille royale de Thèbes a intéressé dramaturges, romanciers, peintres et compositeurs de toutes époques, avec une fascination particulière pour les personnages d'Œdipe et de sa fille Antigone.

À Rome, on conserve le récit d'un compilateur de l'époque d'Auguste, Hygin. Contrairement à son collègue Ovide, il ne s'attache pas à composer une nouvelle version littéraire des mythes qu'il présente, mais à les exposer avec le plus de clarté et d'exhaustivité possibles. En ce sens, il se rapproche davantage de nos propres dictionnaires de mythologie, avec leur aspect expéditif, mais aussi leur grande utilité pour englober l'ensemble du mythe.

À Laïos, le fils de Labdacus, il avait été répondu par Apollon qu'il devait prendre garde à une mort qui lui viendrait de la main de son propre fils. C'est pourquoi, lorsque sa femme Jocaste, la fille de Ménécée, accoucha, il ordonna qu'on abandonne l'enfant. Périboé, la femme du roi Polybe, était en train de laver un linge dans la mer lorsqu'elle recueillit l'enfant abandonné ; quand Polybe apprit la nouvelle, parce qu'ils étaient sans enfants, ils l'élevèrent comme le leur ; et parce qu'il avait les pieds transpercés, ils l'appelèrent Œdipe [1].

Une fois qu'Œdipe, le fils de Laïos et de Jocaste, eut atteint l'âge de la puberté, il se révéla supérieur à tous les autres par sa force et son courage ; par jalousie, ses camarades lui lancèrent qu'il avait été trouvé par Polybe, et que c'était pour ça que Polybe était si gentil, et lui si effronté ; Œdipe comprit qu'on ne lui avait pas menti. C'est pourquoi il se rendit à Delphes pour interroger l'oracle sur ses vrais parents. Pendant ce temps, des prodiges avaient révélé à Laïos que la mort venue de la main de son enfant s'approchait de lui. Comme il allait lui aussi à Delphes, Œdipe le rencontra en chemin ; ses gardes lui ordonnèrent de laisser passer le roi, mais il n'en fit rien. Le roi lança ses chevaux et une roue lui écrasa le pied ; Œdipe, en colère, sans savoir que c'était son père, le tira à bas de son char et le tua.

Laïos mort, Créon, le fils de Ménécée, monta sur le trône. Entre-temps, la Sphinx, la fille de Typhon qui persécutait les campagnes de Thèbes, fut envoyée en Béotie. Elle imposa un concours au roi Créon : elle dit que si quelqu'un parvenait

---

1. Œdipe signifie « pieds enflés » : il avait été attaché par les pieds pour qu'il ne puisse plus rentrer.

à interpréter le poème qu'elle avait composé[1], elle s'en irait de là ; mais s'il ne résolvait pas le poème donné, elle le ferait périr et ne partirait pas du pays autrement. En entendant cela, le roi le fit savoir à travers toute la Grèce et, à celui qui résoudrait le poème de la Sphinx, il promit de lui donner son royaume et sa sœur Jocaste en mariage. De nombreux candidats, attirés par le pouvoir, s'étaient présentés et furent exterminés par la Sphinx ; mais Œdipe, le fils de Laïos, se présenta à son tour et interpréta le poème : la Sphinx se précipita dans le vide. Œdipe, à son insu, reçut le trône de son père et sa mère Jocaste comme épouse, avec laquelle il conçut Étéocle et Polynice, Antigone et Ismène.

À ce moment, Thèbes fut frappée de stérilité de ses récoltes et de disette à cause des crimes d'Œdipe. On interrogea Tirésias pour savoir pourquoi Thèbes était ainsi persécutée.

Le devin leur révèle qu'il faut que le dernier descendant de la « race du dragon », les Labdacides, périsse pour mettre fin au fléau.

Mais Périboé lui révéla ouvertement qu'il avait été trouvé ; de même, le vieux Ménœtès, qui était chargé de l'abandonner, reconnut qu'il était le fils de Laïos aux cicatrices sur ses pieds et ses talons. En entendant cela, quand il vit tous les crimes sacrilèges qu'il avait perpétrés, Œdipe détacha une broche de la robe de sa mère et se creva les yeux ; il transmit son trône à ses fils qui devaient alterner tous les ans et il s'enfuit de Thèbes, conduit par sa fille Antigone.

Hygin, *Fables* 64-65

---

1. Hygin ne donne pas le contenu du poème énigmatique que l'on connaît par ailleurs : « Quel est l'animal qui a quatre pattes le matin, deux pattes à midi et trois pattes le soir ? » Il s'agit bien évidemment de l'homme, marchant à quatre pattes au matin de sa vie, sur ses deux jambes dans la force de l'âge, et s'appuyant sur une canne, sa troisième jambe, à la fin.

Mais la malédiction des Labdacides ne s'arrêtera qu'à la mort de tous les enfants nés de l'inceste d'Œdipe et de Jocaste : Étéocle et Polynice de la main l'un de l'autre, au terme de la guerre des Sept contre Thèbes, Antigone de la main de Créon, pour avoir voulu enterrer son frère Polynice – il n'est guère qu'Ismène, l'antithèse de sa sœur, dont le destin reste incertain.

Médée

Le mythe grec laisse rarement la place de protagoniste à des femmes, qui doivent se contenter du rôle d'épouses (idéalement fidèles comme Pénélope ou source de malheur pour l'humanité, comme Hélène) ou de filles, servant plus ou moins bien de faire-valoir aux mâles. Il est toutefois une exception remarquable – bien qu'elle ne donne pas pour autant une image très positive de la femme –, Médée. Petite-fille du Soleil et nièce de Circé, princesse « barbare » (elle est originaire de Colchide, sur les rives de la mer Noire), elle tire de son ascendance et de son origine de puissants pouvoirs magiques, au point qu'elle devient le type même de la sorcière (en particulier dans les tragédies que lui ont consacrées Euripide et Sénèque). Voyant en Jason, le prince thessalien qui était venu jusqu'en Colchide avec cinquante compagnons embarqués sur le navire *Argo* (« les Argonautes ») pour dérober la Toison d'or, le moyen de quitter sa terre natale, elle décide d'aider le jeune héros ; sans sa maîtrise de la science magique, il n'aurait pu venir à bout des pièges qui gardaient la Toison d'or. Et lors de leur fuite, c'est encore Médée qui le sauve, en ne reculant pas, pour échapper à son père Æétès qui les poursuivait, devant un terrible sacrifice : elle découpe en morceaux son propre frère qu'elle jette à l'eau pour ralentir la course de son père.

Médée est donc la femme qui par amour est capable de toutes les démesures et de tous les crimes. C'est à ce titre qu'elle intéresse les tragiques, en particulier Euripide, qui nous raconte la fin de la liaison entre Jason et Médée. Celui-ci, revenu en Grèce, et quoique déjà marié à Médée, dont il a eu deux enfants, décide de la répudier pour épouser la fille de Créon et devenir ainsi roi de Corinthe. Euripide nous raconte ainsi la fureur et la terrible vengeance ourdie par Médée, qui s'apprête à tuer sa rivale, Créon et jusqu'à ses propres enfants pour ôter à Jason tout espoir. Arrêtons-nous à l'instant où Médée résolut ses crimes : c'est là qu'elle révèle sa nature de magicienne, c'est-à-dire de femme capable, par son art, d'inverser l'ordre de la nature (et son crime le plus impie, l'infanticide, n'est pour Euripide que l'ultime conséquence de cette inversion fondamentale des lois naturelles).

Non, par la Maîtresse à qui je voue, entre toutes, le culte le plus fervent, par celle que j'ai choisie pour auxiliaire, Hécate[1], qui habite les renfoncements de mon foyer, aucun de mes ennemis ne se réjouira impunément des douleurs qui déchirent mon cœur. Amères seront les noces que je leur prépare, et lugubres ; amère sera leur alliance, et amer sera pour eux mon exil loin de cette terre ! Allons, n'épargne aucune des ressources que te donne ta science, Médée, dans les résolutions que tu prends et les arts que tu maîtrises ! Va vers ton acte terrible ! C'est maintenant qu'il faut faire preuve de fermeté d'âme. Tu vois ce qu'on te fait subir : tu ne dois pas être la risée d'un mariage entre une descendante de Sisyphe et Jason, toi, fille d'un noble père, qui descends en droite ligne d'Hélios[2] ! Tu as la science, et si la nature nous a faites, nous les femmes, incapables de faire le bien, elle a fait de nous les plus ingénieux artisans de tous les maux.

                    Euripide, *Médée*, vv. 395-409

La Magicienne est prête : elle accomplira son plan et s'enfuira de la scène montée sur un char tiré par deux dragons.

---

1. Déesse de la magie et des arts occultes.
2. Le Soleil.

Les Grecs à l'esprit si rationnel ont beaucoup réfléchi au rapport entre le temps mythique et le temps des hommes et très tôt ils se sont trouvés face à un dilemme : comment accepter de croire à des histoires si incroyables ? Leur réaction, devant des récits si évidemment invraisemblables, peuplés de héros surhumains, de monstres improbables et d'omniprésente magie, a été – surtout à partir de l'époque hellénistique, où se développèrent tant de sciences – de chercher le moyen de *sauver* ces mythes. La doctrine d'un certain Évhémère, élaborée autour de l'année 300 avant J.-C., eut un retentissement tout particulier dans ce contexte intellectuel : pour lui, les mythes n'étaient que des récits déformés d'un passé très lointain. Il jetait ainsi un pont audacieux entre le temps des héros et celui des hommes en proposant de voir en tel héros un roi ou un « évergète » (c'est-à-dire un bienfaiteur de l'humanité) si renommé que l'imagination populaire, avec le temps, l'a transformé en héros d'une « légende urbaine ». C'est dans cette perspective rationalisante que se place l'historien Diodore de Sicile, auteur au Ier siècle avant J.-C. d'une *Bibliothèque historique* très originale : pour la première fois, un historien – Diodore se dit et se considère historien – se sent autorisé à inclure dans son œuvre un récit des temps mythiques très largement rationalisé. Ainsi, dans son livre IV, il nous présente un récit de la geste d'Héraclès, le plus fameux des héros du mythe grec, replacé dans une géographie réelle et dans une chronologie stable, et expurgé de ses traits les plus merveilleux, pour faire du héros un personnage historique vraisemblable. Nous nous attarderons ici sur les justifications qu'il donne à sa propre démarche.

Je n'ignore pas que mille difficultés surgissent quand on essaie d'historiciser les vieux récits mythiques ; et c'est particulièrement vrai en ce qui concerne Héraclès. De fait, par la grandeur de ses exploits, il passe à l'unanimité pour avoir surpassé tous les hommes dont la mémoire nous a transmis le souvenir depuis l'aube des temps. Il est par conséquent difficile de rapporter à la mesure de leur mérite ces actions et de proposer un récit [1] qui soit à la hauteur de prouesses telles que leur grandeur lui a valu l'immortalité. De surcroît, comme beaucoup de nos contemporains, en raison de l'ancienneté des histoires qu'on nous raconte et des entorses à la logique qu'on y trouve, ne prêtent pas foi aux mythes, nous en sommes nécessairement réduits à cette alternative : soit on laisse de côté les plus grandes de ces actions, en diminuant donc quelque peu la gloire de la divinité considérée, soit on raconte absolument tout, en proposant du même coup une histoire à laquelle personne ne prêtera foi. Certains lecteurs, en effet, font erreur dans leur jugement quand ils cherchent le même degré d'exactitude dans les récits mythiques des temps anciens que dans les événements contemporains : ils essaient de réduire les points que la grandeur de ces exploits rend douteux et ils évaluent la puissance d'Héraclès à l'aune de la faiblesse des hommes d'aujourd'hui, si bien que la grandeur sans commune mesure de ces exploits ôte tout crédit à leurs récits. D'une manière générale, il ne faut pas rechercher dans les récits mythologiques la vérité à tout prix et avec un œil intransigeant : au théâtre, nous ne croyons pas à l'existence de Centaures dont la nature et le corps seraient doubles, ni à celle de Géryon au triple corps, et pourtant nous admettons de telles légendes et nos applaudissements contribuent à grandir l'honneur rendu à la divinité. Mais il serait absurde qu'Héraclès, au cours de son existence parmi les hommes, ait par ses propres travaux civilisé la terre et que les hommes aient oublié ces bienfaits rendus à l'ensemble de l'humanité au point de calomnier le mérite que lui ont valu ses sublimes exploits ; ou que nos ancêtres, qui reconnaissaient unanimement sa

---

1. Diodore utilise ici, très significativement, le mot *logos* (récit rationnel) qui s'oppose nettement, en grec, à *mythos* (récit légendaire).

valeur sans commune mesure, l'aient gratifié de l'immortalité et que nous, en revanche, nous n'observions même pas
envers ce dieu la pieuse dévotion que nous ont léguée nos
pères.

Diodore de Sicile, *Bibliothèque historique*, IV, 8

III

Entre les dieux et les hommes

PROMÉTHÉE

Le dieu serait-il un loup pour le dieu ? À en croire le mythe de Prométhée, on pourrait le penser : ce Titan, fils de Japet – il est donc plus âgé que Zeus* –, est connu pour avoir été le premier allié d'une humanité délaissée par les dieux, et pour avoir été sévèrement puni par Zeus, parce qu'il avait eu trop de compassion pour eux, et leur avait offert le feu qu'ils ne savaient alors domestiquer. On connaît le subterfuge employé par celui dont la pensée grecque a fait l'un des protecteurs de l'industrie et de la ruse : il cacha à l'intérieur de la tige creuse d'une férule une flammèche dérobée à la roue du char du Soleil, et l'apporta en secret aux hommes. Le châtiment de Zeus fut toutefois à la mesure de l'audace du Titan : il le fit solidement enchaîner à un rocher du Caucase, et le condamna à se faire percer chaque jour la poitrine par un vautour venu manger son foie ; l'organe se reconstituant chaque nuit, le supplice devait durer l'éternité.

Le dramaturge Eschyle, qui a perçu toute l'épaisseur tragique de ce personnage – dieu capable de s'apitoyer sur le sort de l'humanité, et condamné à son tour par les autres dieux à cause de cette compassion – nous montre ce Titan, dans son *Prométhée enchaîné*, attaché à son rocher en train de se lamenter sur la tristesse de son destin.

C'est à cause des dons que j'ai faits aux mortels, infortuné que je suis, que je ploie sous le joug de tant de rigueurs ! En la cachant au creux d'une férule, je m'empare de la source du feu, que j'avais volée et qui est devenue, pour les mortels, le maître de tous les arts, une ressource immense :

voilà les crimes que j'expie, enchaîné par ces liens, exposé aux injures de l'air.

Eschyle, *Prométhée enchaîné*, vv. 107-113
trad. De la Porte du Theil revue par les auteurs

Dans cette tragédie, Prométhée, représentant de l'ordre du monde qui existait avant l'avènement – dans la violence – de Zeus* (→ *Zeus*), détient un secret susceptible de compromettre le futur du nouveau roi des dieux. Aussi Zeus devra-t-il apprendre à composer avec Prométhée, et à revenir sur sa position pour apprendre ce secret : en quelque sorte la lutte entre Zeus et Prométhée, entre l'arrogance du nouvel ordre et l'orgueil blessé de l'ancien, doit se lire comme une allégorie politique ; Zeus, en condamnant Prométhée, s'est attiré la colère de tous les « anciens » dieux, qui n'ont pas nécessairement vu d'un bon œil son accession au trône. Et à la lecture de la pièce, notre sympathie va nécessairement à Prométhée, le bienfaiteur de l'humanité, le vieux Titan déchu qui, même sous la menace, ne plie pas l'échine sous le joug du tyran, comme le montrent les propos qu'il tient à Hermès*, envoyé par Zeus pour le faire parler :

Quel discours pompeux et empli de suffisance ! qu'il sied bien à un laquais des dieux ! Jeunes, vous êtes à la tête d'un jeune empire et vous croyez habiter des palais où le deuil ne saurait entrer ! N'en ai-je donc pas vu chasser deux rois, moi ? Quant au troisième, le maître d'aujourd'hui, je verrai sa déchéance, la plus infâme, la plus brusque ! Mais crois-tu que j'ai peur et que je tremble de terreur devant les jeunes dieux ? J'en suis loin, je n'y suis pas du tout ! Va, retourne, sans tarder, d'où tu viens : tu n'apprendras rien de ce que tu veux de moi.

Ibid., vv. 953-963
trad. De la Porte du Theil revue par les auteurs

Si la mythologie est une somme d'histoires, elle est aussi une matière à interprétations. La plupart des philosophes antiques ont réfléchi sur le statut des mythes, qu'ils les rejettent entièrement comme des fables mensongères, ou qu'ils les acceptent en leur trouvant un sens vrai, caché derrière les images poétiques : c'est le principe de l'allégorie. Diodore de Sicile, un historien grec de l'époque de César, prend la mythologie des différents peuples comme une version poétique de l'histoire des premiers temps de l'humanité, avant la guerre de Troie* (→ *Héraclès*). De fait, les poètes archaïques, comme Homère ou Hésiode, font partout autorité, et il est difficile de les rejeter en bloc. Une approche scientifique pour tirer la « vérité » de ces mythes est donc l'interprétation allégorique par la méthode de l'étymologie : le nom des dieux explique le principe qu'ils personnifient. Dans ce passage, Diodore définit ainsi l'origine et la nature des neuf Muses.

La plupart des mythographes, et surtout ceux qui font autorité, disent que les Muses sont les filles de Zeus et de Mnémosyne ; un petit nombre de poètes, parmi lesquels on compte aussi Alcman, déclarent qu'elles sont les filles d'Ouranos et de Gaia. De même, ils ne sont pas non plus d'accord sur leur nombre ; en effet, les uns disent qu'elles sont trois, les autres, neuf, mais c'est le nombre de neuf qui s'est imposé, garanti par des hommes très célèbres – je veux parler d'Homère, d'Hésiode et d'autres du même acabit. Ainsi, Homère dit : « Et les Muses, toutes les neuf, qui se répondent l'une à l'autre de leur belle voix. » Hésiode, quant à lui, révèle aussi leur nom, en disant : « Clio, Euterpe, Thalie et Melpomène, Terpsichore, Érato, Polymnie et Uranie, et Calliope, qui les surpasse toutes. »

À chacune d'entre elles, ils attribuent des qualités propres dans les disciplines culturelles, comme la poésie, le chant, la danse et les chœurs, l'astronomie, *et cetera*. La plupart des mythographes en font des vierges, parce que les qualités qu'apporte l'éducation sont censées être pures. Ils disent qu'elles s'appellent les Muses, parce qu'elles initient (*muein*) les hommes : cela vient du fait qu'elles leur enseignent des choses belles et utiles, que ceux qui ne sont pas éduqués ne connaissent pas.

Et à chaque nom, ils attribuent une étymologie particulière : ils disent que Clio porte ce nom parce que les éloges mérités par les qualités que la poésie célèbre confèrent une grande gloire (*kleos*) à ceux qui les reçoivent ; Euterpe, parce qu'elle charme (*terpein*) ceux qui l'écoutent par les bonnes choses qu'apporte l'éducation ; Thalie, parce qu'elle couvre de fleurs (*thallein*) pour longtemps ceux qui sont récompensés pour leurs poèmes ; Melpomène, à cause de la mélodie lyrique par laquelle elle séduit ceux qui l'écoutent ; Terpsichore, parce qu'elle charme (*terpein*) son public par les biens qu'apporte son éducation ; Érato, parce qu'elle rend ceux qu'elle éduque pleins d'amour et de désir (*eperastoi*) ; Polymnie, parce qu'elle rend célèbres par ses multiples hymnes ceux qui ont obtenu une gloire immortelle par leurs poèmes ; Uranie, parce qu'elle porte aux nues (*ouranos*) ceux qu'elle a éduqués – en effet, les âmes sont élevées au plus haut du ciel par la gloire et l'intelligence ; Calliope, parce qu'elle laisse aller sa belle voix (*kallè opa*), c'est-à-dire que, supérieure par l'éloquence, elle rencontre l'approbation de la part de ceux qui l'écoutent.

Diodore de Sicile, *Bibliothèque historique*, IV, 7

Comme l'explique Diodore, les mythographes divergent sur le nombre, l'origine et l'identité des Muses. La distribution la plus communément admise est donc la suivante : Clio (Glorieuse), muse de l'épopée et de l'histoire ; Euterpe (Charmeuse), de la musique ; Thalie (Luxuriante), de la comédie ; Melpomène (Chanteuse lyrique), de la tragédie ; Terpsichore (Charmante Danseuse), de la danse ; Érato (Désirable), de la poésie érotique et de l'élégie ; Polymnie (Hymnes multiples), de la poésie sacrée ; Uranie (Céleste), de l'astronomie ; Calliope (Belle Voix), de l'éloquence.

LA CONSTELLATION DU CENTAURE

La nature porte le souvenir des héros, des monstres et des dieux, et le poète en chante l'histoire. C'est ce que fait Ovide dans les *Métamorphoses* et dans les *Fastes* : dans ce dernier recueil, jour après jour, il explique le sens des fêtes de Rome et du temps qui passe entre les hommes et les dieux. Les constellations célestes, qui apparaissent cycliquement dans le ciel, sont l'occasion d'expliquer pourquoi et comment des créatures terrestres ont été immortalisées de la sorte dans le ciel, sous forme d'étoiles (ce phénomène est appelé « catastérisme »). La constellation du Centaure, qui se lève le 3 mai, en est un bon exemple : le centaure Chiron, fils de Cronos et de Philyra, loin de partager la brutalité de ses semblables, est passé maître dans l'art de la médecine, de la chasse, de la musique et de la divination. Il compte parmi ses prestigieux élèves Asclépios, qui deviendra le dieu de la médecine, mais aussi Achille et Héraclès*. Souvent, les destins mythiques sont appelés à se croiser : ce sont ces deux héros qui, par accident, vont causer la mort du centaure.

La veille de la quatrième nuit, Chiron fera briller ses étoiles, mi-homme uni au corps d'un cheval fauve.

Le Pélion, mont d'Hémonie, est exposé aux vents du sud : sa cime verdoie de sapins, ses pentes de chênes. Le fils de Philyra s'y était attaché ; dans l'antique roche se trouvent des grottes qu'avait habitées, rapporte la tradition, le sage vieillard. C'est lui, selon la légende, qui a retenu la main qui devait un jour envoyer Hector à la mort [1], en lui apprenant à jouer des accords sur sa lyre. Le fils d'Alcée [2] était venu, une fois terminée une partie de ses travaux, il ne restait que les derniers qui avaient été ordonnés au héros. On pouvait

---

1. Achille.
2. Héraclès.

voir réunis en même temps les deux destins qui causeraient la chute de Troie : ici, l'enfant de l'Alcide, là, le fils de Jupiter. L'héroïque fils de Philyra offre l'hospitalité au jeune homme ; il l'interroge sur le motif de sa venue, l'autre le lui apprend.

Pendant ce temps, il examine la massue, la peau de lion, et il dit : « L'homme est à la hauteur de ces armes, et les armes sont à la hauteur de l'homme ! » Et les mains d'Achille ne purent s'empêcher d'oser toucher la fourrure hirsute. Et pendant que le vieillard manipule les traits souillés de poison, une flèche tombe et se plante dans son pied gauche. Chiron poussa un gémissement, et il sortit le fer de son corps : gémirent aussi le fils d'Alcée et l'enfant de l'Hémonie.

Malgré tout, il concocte lui-même des herbes cueillies sur les collines de Pagase et soulage sa blessure par divers remèdes. Mais le poison qui le rongeait était plus puissant que ses remèdes et le mal s'était propagé au plus profond de ses os et de tout son corps. Le sang du centaure, mêlé au sang du serpent de Lerne, ne laissait aucun répit à un expédient.

Achille se tenait devant lui comme devant un père, les yeux baignés de larmes ; il ne pleurerait pas moins la mort de Pélée. Régulièrement, il serrait les mains malades de ses mains amies (le maître reçoit la récompense de l'enseignement qu'il a dispensé). Régulièrement, il l'embrassait, et aussi répétait au gisant : « Vis, je t'en supplie, ne me laisse pas, mon père chéri ! »

Vint le neuvième jour, et toi, très sage Chiron, deux fois sept étoiles avaient dessiné ton corps.

Ovide, *Fastes*, V, vv. 379-413
trad. Nisard revue par les auteurs

ROMULUS ET RÉMUS

La mythologie n'est pas l'apanage du monde grec. Rome aussi, en plus des mythes grecs qu'elle a adoptés et adaptés, a sa propre mythologie. Mais la différence majeure entre les deux cultures est que Rome a intégré ses mythes dans son histoire : c'est ce que Georges Dumézil a démontré de manière magistrale[1]. Par conséquent, le statut des mythes romains n'a pas la même valeur que celui des mythes grecs à leurs yeux. C'est donc chez les historiens, autant que chez les poètes, qu'il faut en trouver la trace. Tite-Live, auteur de la fin du Iᵉʳ siècle avant J.-C., rapporte ainsi le récit de la fondation de Rome au début de son *Histoire de Rome, des origines à nos jours*[2].

Tout commence après la guerre de Troie (→ *la guerre de Troie*) : le prince troyen Énée s'enfuit de la ville en flammes et part à la recherche d'une terre promise – le Latium, où sera fondée Rome. Après une longue pérégrination digne de celle d'Ulysse, il y parvient enfin et fonde la ville de Lavinium, après une alliance avec le roi local, Latinus, et une guerre contre les Rutules voisins. Ce récit fait l'objet de l'*Énéide* de Virgile. Puis le fils d'Énée, Ascagne (Iule), fonde à son tour Albe-la-Longue. Parmi les rois d'Albe qui en descendent, deux frères se disputent le pouvoir : Amulius l'obtient par la force sur son aîné Numitor, tue ses fils et « neutralise » sa fille Rhéa Silvia en en faisant une vestale, une prêtresse vouée à la chasteté sous peine de mort.

Mais c'était, à mon avis, le devoir du destin d'assurer la naissance d'une si grande ville et de fonder l'empire le plus puissant après celui des dieux. La vestale, qui avait été prise de force, accoucha de jumeaux : soit qu'elle y crut, soit parce que, si un dieu était l'auteur de cette faute, sa culpabilité était moindre, elle proclama que Mars était le père de cette progéniture douteuse. Mais personne, ni dieu, ni homme, ne parvient à les sauver, elle et sa progéniture, de la cruauté

---

1. G. Dumézil, *Mythe et épopée*, II, Paris, Gallimard, 1971.
2. Trad. de J.-P. De Giorgio.

du roi : la prêtresse est enchaînée et emprisonnée, et il ordonne que les enfants soient jetés dans l'eau du fleuve. Par un hasard divin, le Tibre avait débordé au point que ses rives soient inondées et des mares d'eau stagnante se soient formées : le fleuve ne pouvait poursuivre sa course normale mais, bien que son eau fût dormante, il donna l'illusion à ceux qui avaient la charge des bébés qu'elle pourrait les noyer. Ainsi, croyant avoir exécuté l'ordre du roi, ils déposent les enfants dans la première mare qu'ils trouvent, là où, aujourd'hui, il y a le figuier Ruminal (on raconte qu'on l'appela « figuier de Romulus »).

À l'époque, à cet endroit, c'étaient de grands terrains vagues. Voici ce qu'on raconte : tandis que l'eau peu profonde avait déposé dans un endroit sec le baquet flottant dans lequel les enfants avaient été placés, une louve, descendue des collines environnantes pour boire, fut attirée par les vagissements des enfants ; elle présenta ses mamelles pendantes aux bébés avec une si grande douceur qu'un berger qui gardait un troupeau du roi (il s'appelait Faustulus) la trouva en train de lécher les enfants ; il les confia à sa femme Larentia pour qu'elle les élève dans sa ferme. D'aucuns pensent que Larentia était une prostituée que les bergers avaient surnommée Louve : c'est de là que serait née cette histoire miraculeuse. C'est donc ainsi que les petits ont été élevés : sitôt adolescents, ils ne restèrent pas paresseusement à la ferme à garder les troupeaux, mais ils parcoururent les bois pour chasser. De ce fait, gagnant en force physique et mentale, ils ne se contentent plus de tenir tête à des bêtes sauvages, mais ils s'attaquent aussi à des brigands chargés de butin et ils partagent leur prise avec les bergers : avec eux, une troupe de jeunes gens, grossissant de jour en jour, partagent leurs dangers et leurs jeux.

Tite-Live, *Histoire romaine*, I, 4
trad. Nisard revue par les auteurs

Les jumeaux finissent par se faire reconnaître par leur grand-père Numitor : ils l'aident à assassiner Amulius et à reprendre le trône d'Albe. Mais leur destin les conduit plus loin.

Ainsi, une fois Albe remise aux mains du roi Numitor, il leur prit l'envie de fonder une ville à l'endroit où ils avaient été abandonnés et où ils avaient grandi. D'ailleurs, la population d'Albe et du Latium était trop nombreuse ; à cela s'ajoutaient aussi les pasteurs : à eux tous, ils espéraient que la ville qu'ils allaient fonder rendrait, en comparaison, Albe et Lavinium toutes petites. Enfin, vint se mêler à ces considérations un défaut héréditaire, la soif du pouvoir, et s'ensuivit une compétition funeste née au départ d'une question assez pacifique. Puisqu'ils étaient jumeaux et que le droit d'aînesse ne pouvait les départager, afin que les dieux protecteurs des lieux choisissent qui donnerait son nom à la nouvelle ville, qui la fonderait et y imposerait ses lois, Romulus prit le carré du ciel où prendre les augures [1] sur le Palatin, et Rémus sur l'Aventin. On raconte que c'est d'abord à Rémus qu'une réponse augurale fut donnée, avec six vautours ; et il venait de l'annoncer quand le double du nombre apparut à Romulus – et chacun des deux fut proclamé roi par son propre clan : pour les uns, c'était l'antériorité qui l'emportait, tandis que les autres déduisaient l'attribution du pouvoir du nombre des oiseaux. À partir de là, une simple bagarre s'enflamma sous le coup de la colère et dégénéra en un bain de sang. C'est là que Rémus reçut un coup dans la mêlée et tomba, mort. Dans une version plus répandue, pour le ridiculiser, Rémus sauta par-dessus les murailles toutes neuves de son frère ; Romulus, furieux, lui lança aussi en hurlant : « À partir de maintenant, même

_____

1. La science augurale comporte un procédé de divination qui consiste à observer le vol des oiseaux (« prendre les auspices ») pour interroger la volonté divine.

traitement pour le prochain qui sautera par-dessus mes murailles ! » et il le tua. Ainsi Romulus, resté seul, s'empara-t-il du pouvoir ; et la ville qu'il fonda prit le nom de son fondateur.

Ibid., I, 6-7

Et ainsi naquit Rome, sous le signe d'un fratricide, les dieux laissant les hommes interpréter l'ambiguïté de leurs messages et accomplir leur destin – et celui de la Ville éternelle.

LE JUGEMENT DES CHRÉTIENS

Comme les philosophes de l'Antiquité, les Chrétiens se sont intéressés aux mythes pour démontrer qu'ils étaient faux, mensongers et moralement dangereux. Leur argumentation est souvent développée pour prouver l'erreur des traditions païennes, dont la plupart des Pères de l'Église sont issus. Notamment, ils ne nient pas que les dieux païens existent, mais en font des démons qui s'opposent au véritable Dieu. Saint Augustin, citoyen romain né en Algérie au IVe siècle, se livre à ce type de démonstration dans l'un de ses principaux traités, *La Cité de Dieu contre les païens*, en poussant jusqu'au bout le raisonnement, et en mettant en lumière les incohérences de la religion traditionnelle :

Certains croient qu'il y a des bons et des mauvais dieux ; d'autres, qui ont une meilleure opinion des dieux, leur attribuent tant d'honneurs et de gloire qu'ils n'osent croire que les dieux puissent contenir le moindre mal. Mais les premiers, qui ont dit que certains dieux étaient bons et les autres mauvais, ont aussi employé le nom de démons pour qualifier les dieux – de même qu'ils ont employé le nom de dieux pour qualifier les démons, bien que plus rarement ; ainsi, ils reconnaissent que Jupiter lui-même, dont ils font le roi et le premier des autres dieux, est appelé « démon » par Homère. En revanche, ceux qui soutiennent qu'il n'existe pas de dieux qui ne soient bons et largement supérieurs aux hommes les meilleurs, sont choqués à juste titre par les exactions des démons – qu'ils ne peuvent nier ; vu qu'ils pensent qu'elles ne peuvent être en aucun cas imputées aux dieux qu'ils veulent tous bons, ils sont obligés d'établir une différence entre les dieux et les démons ; ainsi, tout ce qui ne leur plaît pas, à juste titre, dans les actions ou les pensées mauvaises, à travers lesquelles les esprits occultes manifestent leur force, ils considèrent que c'est l'œuvre des démons, et non des dieux.

Saint Augustin, *La Cité de Dieu*, IX, 1

De la même manière, Augustin tourne en ridicule la multiplicité des dieux païens, et en particulier les petites divinités romaines qui sont souvent des abstractions des actions de la vie quotidienne.

Ces déesses, ce n'est pas la vérité, mais la vanité qui les crée ; car ce sont des dons du vrai Dieu, et non pas des divinités elles-mêmes. Non, vraiment, là où sont la Vertu et la Chance, que va-t-on chercher d'autre ? Qu'est-ce qui peut combler celui que la vertu et la chance ne comblent pas ? En réalité, la vertu embrasse tout ce qu'on doit faire, et la chance, ce qu'on doit souhaiter. On vouait un culte à Jupiter pour qu'il les accorde – parce que, s'il y a quelque chose de bien dans l'extension de l'Empire dans l'espace et dans le temps, cela revient à la même chance : alors pourquoi n'a-t-on pas compris que c'étaient des dons de Dieu, et non pas des déesses ?

Mais si l'on pense que ce sont des déesses, au moins, que l'on n'aille pas chercher cette autre foule immense de divinités. En effet, prenons les fonctions de tous les dieux et de toutes les déesses que chacun a façonnés à son gré, selon son idée : que l'on trouve, si c'est possible, un avantage qui, venant d'un dieu quelconque, puisse profiter à un homme qui possède la vertu et la chance. Quelle partie de la culture devrait-on demander à Mercure ou à Minerve, alors que la vertu l'a tout entière avec elle ? De fait, l'art lui-même a été défini par les anciens comme la vertu de vivre bien et droit. Cela vient du fait qu'en grec la vertu se dit *arètè*, et ils pensaient que les Romains l'avaient traduit par le mot « art ». Mais si la vertu ne pouvait arriver qu'aux génies, à quoi servait le dieu Père Malin, qui rendait les gens malins, c'est-à-dire fins, alors que la chance pouvait s'en charger ? De fait, naître génial, c'est un coup de la chance : donc, même si un être ne pouvait pas vouer un culte à la déesse Chance avant de naître afin de la rendre favorable et qu'elle lui fasse ce cadeau, il revenait à ses parents de lui vouer un culte, pour qu'il leur naisse un fils génial.

À quoi servait aux femmes qui accouchaient d'invoquer Lucine, alors que si la Chance les assistait, non seulement elles accouchaient bien, mais en plus de bons enfants ? Quelle utilité y avait-il à recommander les nouveau-nés à la déesse Aide (Ops), les bébés qui vagissent au dieu Vatican, ceux qui sont couchés à la déesse Berceau (Cunina), ceux qui tètent à la déesse Mamelle (Rumina), ceux qui se mettent debout au dieu Debout (Statilinus), ceux qui arrivent à la déesse Arrivée (Adeona), ceux qui partent à Départ (Abeona) ; à la déesse Raison (Mens), pour que leur raison soit saine, au dieu Volumnus et à la déesse Volumna, pour qu'ils veuillent de bonnes choses ; aux dieux du mariage, pour qu'ils fassent un beau mariage, aux dieux des champs, pour qu'ils aient des récoltes très fructueuses, et en particulier directement à la déesse Fructesea ; à Mars et à Bellone, pour qu'ils se battent bien, à la déesse Victoria, pour qu'ils remportent la victoire ; au dieu Honneur, pour qu'ils reçoivent les honneurs, à la déesse Richesse (Pecunia), pour qu'ils soient riches, au dieu Pièces-Jaunes (Aesculanus) et à son fils Argentin, pour qu'ils soient riches de pièces de cuivre et d'argent ? Ils établirent que Pièces-Jaunes était le père d'Argentin parce que la monnaie de cuivre a commencé à être utilisée d'abord, et ensuite les pièces en argent. Je me demande d'ailleurs pourquoi Argentin n'a pas donné naissance à Doré, puisque ce sont les pièces d'or qui leur ont succédé. S'ils avaient eu un tel dieu, comme ils ont préféré Jupiter à Saturne, ils auraient préféré Doré à son père Argentin et à son grand-père Pièces-Jaunes.

Pourquoi était-il donc nécessaire de vouer un culte et d'adresser des prières à une si grande foule de divinités pour obtenir des qualités morales et physiques ou des avantages extérieurs (je ne les ai pas tous cités, et même les païens ne purent prévoir qu'après avoir divisé de part en part et individualisé tous les avantages pour les hommes, les dieux seraient divisés et individualisés), alors que la déesse Chance, à elle seule, pouvait les leur assurer de tout son poids, facilement, avec un grand profit, vu qu'elle est la seule non seulement qui attire les bonnes choses, mais aussi qui repousse les mauvaises ? En effet, pourquoi devait-on invoquer pour les gens fatigués, la divine Fatigue (Fessonia), pour repousser les ennemis, la divine Débâcle (Pellonia), pour les malades, Apollon médecin, ou Esculape, ou les deux à la fois quand la situation était très grave ? Sans parler du dieu Piquant (Spiniensis) qui doit arracher les ronces des champs, ni de la déesse Rouille (Robigo), qui doit éviter la rouille : avec l'aide et la protection de la seule Chance, aucun de ces malheurs n'arriverait, ou alors il serait très facilement écarté.

Ibid., IV, 21

LE MYTHE DE L'ATLANTIDE

Si les mythes chantent le plus souvent les dieux et les héros, certains concernent les hommes, ceux d'avant qui, du fait de leur ancienneté et de leur disparition, sont entrés dans l'univers mythique. C'est le cas des Atlantides, le peuple descendant d'Atlas, protégé par Poséidon*, prospérant sur une île de l'océan qui tire son nom de leur souvenir : l'Atlantique. Dans un dialogue de Platon, Critias raconte une histoire que son grand-père tenait de Solon, le sage législateur des premiers temps de la démocratie athénienne. Celui-ci fut instruit par un vieux prêtre égyptien d'un passé si reculé que les Grecs n'en ont gardé aucune trace :

« Oh Solon, Solon, vous, les Grecs, vous êtes toujours des enfants, un vieillard grec, ça n'existe pas. »

En entendant cela, [Solon] demanda :

« Qu'est-ce que tu veux dire par là ?

— Vous tous autant que vous êtes, dit-il, vous êtes jeunes dans vos âmes ; en effet, en elles, vous n'avez aucune idée ancienne issue d'une tradition antique, ni aucune connaissance blanchie par le temps. Et en voici la raison : de nombreuses destructions de populations humaines ont eu lieu, et il y en aura encore, les plus importantes par le feu et par l'eau, les autres, moindres, par des milliers d'autres moyens. Par exemple, on raconte chez vous aussi que Phaéton, le fils d'Hélios [1], après avoir attelé le char de son père, ne fut pas capable de le diriger sur le chemin qu'empruntait son père ; aussi, il brûla ce qui se trouvait sur la terre et périt lui-même foudroyé. Cette histoire est passée sous la forme d'un mythe, mais en réalité, il s'agit de la déviation de corps célestes qui tournent autour de la terre et de la destruction par un grand feu de ce qui se trouvait sur terre, survenue à de grands intervalles de temps. »

Platon, Timée, 22b-d

L'Égypte a été préservée de ces cataclysmes et a pu conserver, matériellement, des traditions antédiluviennes. Le prêtre égyptien enseigne donc à Solon qu'il y a huit mille ans, il existait une cité florissante et très avancée sur le site d'Athènes.

« En effet, nos écrits parlent de la grande puissance que votre cité anéantit autrefois : par une ambition démesurée, elle envahit à la fois l'Europe et l'Asie tout entières après

---

1. Le soleil.

78

avoir surgi de l'océan Atlantique. Car à cette époque, l'océan là-bas était praticable. En effet, il y avait une île en face du détroit que vous appelez, comme vous dites, les colonnes d'Héraclès[1] ; l'île était plus grande que la Libye et l'Asie réunies. Depuis celle-ci, les voyageurs d'alors pouvaient accéder à d'autres îles, et depuis ces îles, à tout le continent en face qui borde ce véritable océan. Tout ce qui se trouve à l'intérieur du détroit dont nous parlons semblait naviguer dans un port minuscule, tandis que la terre qui borde cet océan peut vraiment être appelée à juste titre un continent.

« Et sur cette île de l'Atlantide, le pouvoir, partagé entre des rois, était extraordinairement grand : il dominait l'ensemble de l'île, et aussi les autres îles et des morceaux du continent ; en plus de cela, ils commandaient encore à des territoires de ce côté-ci du détroit, à la Libye jusqu'à l'Égypte, et à l'Europe jusqu'à la Tyrrhénie[2]. Les rois réunirent tous leurs pouvoirs en une seule puissance, qui entreprit alors d'asservir en un seul assaut votre pays, le nôtre et tous ceux qui se trouvaient en deçà du détroit.

« C'est alors, Solon, que la puissance de votre cité devint évidente pour tous les hommes par sa vertu et sa force ; car elle les surpassait tous par son courage et ses techniques de guerre, d'abord à la tête des Grecs, ensuite contrainte de continuer seule, après la désertion des autres ; elle vint à bout de chaque danger, elle triompha des assaillants et éleva des trophées, elle empêcha que ne soient réduits en esclavage des peuples qui n'avaient jamais été esclaves ; quant aux autres qui habitaient à l'intérieur des colonnes d'Héraclès, elle les libéra tous autant qu'ils étaient.

« Mais quelque temps plus tard, des séismes extraordinaires et des raz-de-marée se produisirent ; en un seul jour et une seule nuit terribles, toute votre armée rassemblée

---

1. Le détroit de Gibraltar.
2. Probablement la côte africaine jusqu'à l'Égypte et la côte européenne, en partant de l'Espagne jusqu'à l'Étrurie (la Toscane).

s'enfonça sous terre et l'île de l'Atlantide, de la même manière, disparut, engloutie sous la mer. C'est pourquoi, aujourd'hui encore, l'océan là-bas est devenu impraticable et on ne peut pas l'explorer, vu qu'il est enlisé par une eau marécageuse que l'île qui s'y est enfoncée a engendrée.

Ibid., 24e-25d

ORPHÉE

L'aède Orphée, chanteur inspiré par les dieux, fils du roi de Thrace Œagre et de la muse* Calliope, a poussé si loin son art qu'il a surpassé toutes les limites : celles des ordres naturels, en charmant par sa musique les bêtes sauvages et même les rochers, mais aussi l'infranchissable frontière qui sépare les vivants des morts. Éperdument amoureux de sa femme, la naïade Eurydice, il la perd aux lendemains de leurs noces. Il descend alors aux Enfers pour tenter d'infléchir leurs intraitables souverains, Hadès et Perséphone, et Ovide le suit pas à pas, à travers les âmes des morts et des damnés :

Tandis que la jeune épousée, accompagnée de son groupe de Naïades, batifole dans un pré – elle meurt, piquée au talon par la dent d'un serpent. Or une fois que le chantre du Rhodope [1] en eut assez de la pleurer sur terre, à tous les vents, pour tout tenter, même de toucher les ombres, il osa descendre jusqu'au Styx, par la porte du Ténare ; s'étant frayé un chemin à travers les peuples inconsistants et les fantômes gratifiés d'une sépulture, il parvint auprès de Perséphone et du Seigneur des ombres, qui règne sur cet empire désolé, et, après avoir accordé sa lyre, il entonna le chant que voici :

« Ô divinités de ce monde souterrain, dans lequel nous retournons tous, quoi que nous soyons, nous, les créatures mortelles ; s'il est possible, permettez-moi de laisser de côté les ambages d'un discours fallacieux et que je parle avec

---

1. Orphée.

sincérité. Je ne suis pas descendu jusqu'ici pour visiter l'obscur Tartare, ni pour mettre un collier à la triple tête garnie de couleuvres du monstre de Méduse[1] ; la raison de mon voyage, c'est ma femme : une vipère sur laquelle elle a marché a distillé son venin en elle, et lui a pris les années qui lui restaient à vivre. J'ai voulu pouvoir le supporter, et j'ai essayé, je ne dirai pas le contraire ; l'Amour a triomphé. Ce dieu, on le connaît bien dans les régions supérieures ; s'il est connu ici aussi, je ne sais ; mais je suppose pourtant qu'il l'est ici aussi ; et si l'histoire de cet antique enlèvement n'est pas une fable, vous aussi, c'est l'Amour qui vous a unis. Moi, par ces contrées pleines de terreur, par ce Chaos immense et le silence de ce gigantesque royaume, Eurydice ! Je vous en supplie, renouez les fils de son destin précipité. Tout vous est dû : après une petite étape, tôt ou tard, nous nous précipitons vers le même séjour. Nous tendons tous ici, c'est notre dernière demeure, et vous, vous bénéficiez du plus long règne sur le genre humain. Elle aussi, lorsque, mûre, elle aura accompli le juste nombre de ses années, elle vous reviendra de droit ; au lieu d'un don, je revendique sa jouissance. Mais si les destins refusent cette grâce en faveur de ma femme, il est certain que je ne veux pas revenir en arrière ; réjouissez-vous, vous avez deux défunts. »

Telles étaient les paroles de son chant, qu'il accompagnait en pinçant les cordes de sa lyre : les âmes exsangues en pleuraient ; et Tantale ne chercha plus à atteindre l'eau qui lui échappe, la roue d'Ixion resta immobile, les oiseaux ne dévorèrent plus le foie, les filles de Bélus[2] cessèrent de remplir leurs urnes et toi, Sisyphe, tu t'assis sur ton rocher. Alors, pour la première fois, vaincues par son chant, il paraît que des larmes vinrent baigner les joues des Euménides[3] ; l'épouse royale ne supporte pas de dire non à sa prière, pas

1. Cerbère, le chien à trois têtes, gardien de la porte des Enfers.
2. Les Danaïdes.
3. Les implacables Érinyes, déesses de la vengeance.

plus que le roi du monde d'en bas, et ils appellent Eurydice ; elle était là, parmi les ombres nouvelles, et elle s'avance, le pas ralenti par sa blessure. Orphée du Rhodope la reçoit, en même temps qu'une condition : qu'il ne jette pas un regard en arrière jusqu'à ce qu'il soit sorti des vallées de l'Averne ; ou alors la faveur sera annulée. Ils parcourent, dans un profond silence, un sentier raide, escarpé, obscur, assombri par une brume épaisse. Ils n'étaient plus loin de la surface de la terre ; là, craignant qu'elle ne disparaisse, impatient de la voir, l'amant se retourne et regarde – aussitôt, elle est attirée en arrière ; elle lui tend les bras, elle lutte pour être étreinte et l'étreindre, rien, la malheureuse ne saisit que des courants d'air. Et alors, mourant pour la seconde fois, elle n'émet aucune plainte contre son époux (de quoi se plaindrait-elle, sinon d'être aimée ?) ; un dernier adieu, que déjà il a du mal à entendre, c'est ce qu'elle lui dit, et elle repart en arrière, là d'où elle venait.

Ovide, Métamorphoses, X, 8-63

Une secte philosophique et religieuse, l'orphisme, s'inspire de cette expérience de l'au-delà pour fonder des espoirs eschatologiques : les initiés aux mystères d'Orphée attendent de ses préceptes, après la mort, une vie meilleure que celle de la foule anonyme des ombres. Le chemin à suivre et les formules à prononcer devant Mnémosyne (Mémoire) ont été retrouvés dans des tombes, inscrits sur des lamelles de plomb ou d'or, comme la suivante, provenant d'Hipponion, dans le sud de l'Italie :

À Mnémosyne, ceci est consacré : pour lui, au moment même où il est sur le point de mourir. « Tu iras dans les demeures bien ajustées d'Hadès ; il y a, sur la droite, une source, à côté d'elle se dresse un cyprès blanc ; descendues à cet endroit, les âmes des morts s'y rafraîchissent. De cette source, ne t'approche pas, de près ou de loin. Devant, tu trouveras, venant du lac de Mnémosyne, une eau froide qui s'écoule ; des gardiens se tiennent au-dessus et, certainement, ils te demanderont, dans leur esprit réfléchi, pourquoi tu explores les ténèbres du sombre Hadès. Dis : "Je suis l'enfant de la Terre et du Ciel étoilé, je suis desséché par la soif et je trépasse ; mais vous, donnez-moi à boire l'eau froide venant du lac de Mnémosyne." Et alors, ils te poseront des questions, sur ordre du roi souterrain, et alors, ils te donneront à boire de l'eau venant du lac de Mnémosyne, et alors toi, après avoir bu, tu t'en iras sur le chemin sacré que les autres mystes et bacchants empruntent aussi, glorieux. »

Annexes

Repères chronologiques, historiques et littéraires

Auteurs de langue grecque	*Repères chronologiques*	Auteurs de langue latine
HOMÈRE Après plusieurs siècles d'un ardent débat, on s'accorde aujourd'hui à penser qu'il a existé un aède (« poète-chanteur » itinérant du monde grec, assez proche des troubadours de l'Occitanie médiévale) du nom d'Homère qui aurait, à une époque difficile à déterminer (VIIIe siècle av. J.-C. ?), donné une forme écrite à des poèmes très anciens transmis oralement. Ces épopées liées au cycle troyen sont les plus anciennes œuvres littéraires du monde grec.	*VIIIe s. av. J.-C. ?*	
HYMNES HOMÉRIQUES On attribuait autrefois ces hymnes – poèmes chantés à la gloire	*À partir des VIIIe-VIIe s. av. J.-C.*	

d'un dieu – à l'illustre Homère. On sait aujourd'hui qu'ils ont été écrits par des aèdes anonymes à des époques très diverses. Les plus anciens d'entre eux (*Hymne à Apollon, Hymne à Déméter*) remontent peut-être au VIIIe ou au VIIe siècle av. J.-C., tandis que les plus récents sont très tardifs (IVe siècle ap. J.-C. ?).		
HÉSIODE Poète grec du VIIe siècle av. J.-C. Sa *Théogonie* (« Naissance des dieux » en grec) est une source fondamentale de la pensée mythologique archaïque.	*VIIIe-VIIe s. av. J.-C.*	
ESCHYLE Le premier des grands tragiques grecs, Eschyle, a aussi donné à la tragédie grecque sa forme dialoguée. D'après les sept pièces que nous avons gardées de lui, on constate qu'il puisait aussi bien son inspiration dans l'histoire (*Les Perses*) que dans le mythe grec (*L'Orestie, Prométhée enchaîné...*) ; son	*1re moitié du Ve siècle av. J.-C.*	

théâtre, traversé par les questions de piété et par une réflexion sur le destin et la nécessité, n'a cessé de nourrir la littérature des siècles qui suivirent.		
PINDARE Poète lyrique, auteur d'épinicies (poèmes composés en l'honneur des athlètes vainqueurs aux grands jeux, comme les jeux olympiques). Il compare ces athlètes aux héros mythiques, associant le présent de la victoire au passé légendaire, dont le souvenir est promis à la postérité : l'athlète devient un héros dont la gloire immortelle exalte le genre humain.	*1re moitié du Ve s. av. J.-C.*	
HÉRODOTE Le « père de l'histoire », originaire d'Asie Mineure, a écrit son *Enquête* au Ve siècle av. J.-C. Son œuvre monumentale, qui entend mettre en lumière les causes des guerres médiques et à en exposer le déroulement, nous apporte maints renseignements sur les mœurs et coutumes des peuples de l'Antiquité.	*Milieu du Ve s. av. J.-C.*	

EURIPIDE Dramaturge athénien, auteur de tragédies dont les thèmes mythologiques résonnent avec l'actualité politique, autour de la guerre du Péloponnèse. Il renouvelle ainsi certains mythes, réélabore les caractères des dieux et des héros en fonction de leurs rapports aux hommes. On conserve de lui 19 pièces sur 92, parmi lesquelles *Andromaque, Hécube, Les Suppliantes, Électre, Héraclès furieux, Iphigénie en Tauride, Les Phéniciennes, Alceste, Médée, Hippolyte, Iphigénie à Aulis, Les Bacchantes.*	*2e moitié du Ve s. av. J.-C.*	
PLATON Écrivain athénien à l'origine de l'une des principales écoles philosophiques de l'Antiquité, l'Académie. Il présente, sous la forme vivante de dialogues, la pensée de son maître Socrate et, sous la forme de traités (*La République, Les Lois*), une république utopique qui va longtemps	*Fin du Ve s./début du IVe s. av. J.-C.*	

marquer la philosophie politique occidentale. Les 35 dialogues conservés, parmi lesquels on compte le *Banquet*, le *Phédon* ou le *Cratyle*, concernent davantage la métaphysique et la morale. Il utilise souvent les mythes sous forme d'allégories pour expliquer sa représentation du monde.		
CALLIMAQUE Poète grec ayant vécu à Alexandrie. Bénéficiant des richesses de la bibliothèque et du contexte intellectuel de l'époque, il développe une poésie savante et variée qui a largement inspiré les poètes latins. Il compose notamment des hymnes et des *aitiai* (recherches antiquaires sur les origines des mythes et des rites), où il convoque, souvent par allusions, des mythes peu connus et érudits.	*IIIe s. av. J.-C.*	
DIODORE DE SICILE Diodore est un historien sicilien de l'époque de César. Il écrit sa *Bibliothèque historique* comme une	*Ier s. av. J.-C.*	

compilation d'histoire universelle, depuis les débuts de l'humanité jusqu'à son temps. Il est le premier à s'intéresser ouvertement aux mythes de tous les peuples comme source de l'histoire archaïque, antérieure à la guerre de Troie : il tente d'en rationaliser le caractère merveilleux pour comprendre les événements historiques dont les mythes sont le lointain souvenir.		
	Ier s. av. J.-C.	**VIRGILE** Poète romain du cercle de Mécène, auteur de *Bucoliques* et de *Géorgiques*, il devint le poète officiel d'Auguste en composant une épopée, l'*Énéide*, parallèle latin de l'*Odyssée* d'Homère, qui retrace le périple d'Énée, prince troyen perdu par la guerre, à la recherche d'une terre promise, la future Rome. Le succès de l'œuvre de Virgile a été immédiat et a perduré à travers toute l'histoire intellectuelle de l'Occident.

	Fin du 1er s. av. J.-C./ début du 1er s. ap. J.-C.	**TITE-LIVE** Historien romain, auteur d'une Histoire de Rome (*Depuis la fondation de la Ville*). Si toute son œuvre n'a pas été conservée, elle reste la principale source sur les premiers temps de Rome et de l'Italie, du VIIIe au Ier siècle av. J.-C. Il révèle aussi l'idéologie de son époque sur la conception des mythes romains intégrés dans l'histoire de la ville.
		HYGIN Bibliothécaire d'Auguste, dont on a conservé une compilation de 277 *Fables* : il s'agit d'un abrégé de mythologie, résumant en notices succinctes les mythes les plus connus comme les plus originaux.
		OVIDE Poète de la cour d'Auguste, spécialiste de poésie amoureuse, il est l'auteur des *Métamorphoses*, qui réélaborent de nombreux mythes centrés sur des transformations (de personnages en plantes, en animaux,

		en étoiles...). Il écrit également des *Fastes*, un calendrier dont il commente jour après jour l'origine des fêtes. À elles seules, ces deux œuvres sont un formidable réservoir de mythes grecs et romains réécrits avec une poésie d'une efficacité étonnante. Bien qu'Ovide ait été exilé à la fin de sa vie, son œuvre, comme celle de Virgile, est l'une des plus étudiées et appréciées à travers les siècles.
	Ier s. ap. J.-C.	**SÉNÈQUE** Philosophe de tendance stoïcienne, précepteur de l'empereur Néron qui finira par ordonner sa mort, il est l'auteur, outre son importante production philosophique (traités et lettres), de 9 tragédies, dont *Médée*, *Hercule furieux* et *Phèdre*, adaptant, comme ses prédécesseurs grecs, les grands mythes à l'actualité politique de son temps.
APOLLODORE Le « Pseudo-Apollodore » est un	*IIe s. ap. J.-C.*	

compilateur anonyme (pris un temps pour Apollodore d'Athènes, un auteur du IIe s. av. J.-C.). Il rassemble dans sa *Bibliothèque* un abrégé très complet de mythologie, dont une partie a malheureusement été perdue. Organisant son œuvre, comme Hygin, sous forme de notices, il collectionne de manière concise une grande partie des mythes bien connus, et d'autres qu'il est le seul à mentionner, et se révèle à ce titre particulièrement précieux.		
	Fin du IVe s./ début du Ve s. ap. J.-C.	**(SAINT) AUGUSTIN** Citoyen romain d'Algérie, converti au christianisme par sa mère et nommé évêque d'Hippone, il devient l'un des principaux théologiens chrétiens de l'Antiquité. Auteur de ses *Confessions* autobiographiques et d'un long traité intitulé *La Cité de Dieu contre les païens*, il offre de précieux témoignages sur les mythes et les religions de l'Antiquité dont il veut montrer les erreurs.

Pour aller plus loin :

M. Trédé-Boulmer et S. Saïd, *La Littérature grecque d'Homère à Aristote* et S. Saïd, *La Littérature grecque d'Alexandre à Justinien*, Paris, PUF, « Que sais-je ? » n°s 227 et 2523, 1990.

P.-E. Dauzat *et al.*, *Guide des auteurs grecs et latins*, Paris, Les Belles Lettres, 1999.

Noms romains du mythe grec

Nous utilisons, dans les notices descriptives, le nom grec des dieux et héros du mythe ; dans les citations, en revanche, nous respectons bien évidemment les noms originaux. Voici les noms que les auteurs d'expression latine employaient pour parler des divinités grecques.

Bacchus → Dionysos
Cérès → Déméter
Cupidon → Éros
Diane → Artémis
Esculape → Asclépios
Furies → Érinyes
Hercule → Héraclès
Junon → Héra
Jupiter → Zeus
Latone → Léto
Mars → Arès
Mercure → Hermès
Minerve → Athéna
Neptune → Poséidon
Parques → Moires
Pluton → Hadès
Proserpine → Perséphone
Saturne → Cronos
Silvain → Pan
Vénus → Aphrodite
Vesta → Hestia
Vulcain → Héphaïstos

Librio

866

Composition PCA – 44400 Rezé
Achevé d'imprimer en France par Aubin
en avril 2008 pour le compte de E.J.L.
87, quai Panhard-et-Levassor, 75013 Paris
Dépôt légal avril 2008
EAN 9782290007983

Diffusion France et étranger : Flammarion